Johannes Neuhofer Markus Metka

Wein
Der neue Jungbrunnen

Lang leben und gesund bleiben dank moderatem Weingenuss

Bearbeitung:
Judith Hintersteiner, Mag. Wolfgang Bogner

UEBERREUTER

Judith Hintersteiner und Mag. Wolfgang Bogner sind als Journalisten für den Linzer Zielgruppen-Zeitungsverlag tätig. Sie schreiben für das Lifestylemagazin »oberösterreichblicke« sowie andere Verlagsprodukte. Darüber hinaus fungieren beide auch als Autoren.

ISBN 978-3-8000-7405-1

Covergestaltung, Layout, Coverfoto: Ursula Kothgasser, www.koco.at
Fotos: © Weinkellerei Lenz-Moser: S. 4, S. 6, S. 18, S. 74, S. 86, S. 100, S. 102, S. 104, S. 105, S. 108, S. 112.
© Ursula Kothgasser: S. 3, S. 7, S. 9, S. 10, S.11, S. 24, S. 90, S. 114.
© www.fotolia.de: Iosif Szasz-Fabian (S. 5, S. 71, Umschlagrückseite), Tomasz Wieja (S. 9), Swetlana Wall (S. 14), Inacio Pires (S. 28), MAXFX (S. 31, S. 85), NiDerLander (S. 32, S. 43), Bulent Gurpinar (S. 35), luchschen (S. 37), Kwest (S. 38), Leonid Nyshko (S. 40), Elena Elisseeva (S. 44), zimmytws (S. 47), jet (S. 49), mmac72 (S. 50), Anyka (S. 54), Stefano Tiraboschi (S. 57), Ziablik (S. 59), Scott Anderson (S. 60), Brett Mulcahy (S. 62), Peter Zvonar (S. 64), photka (S. 67), rimglow (S. 68), Greg (S. 78), Food (S. 81), Taffi (S. 82), Rido (S. 93), LA (S. 94), ahardert (S. 97), Matthias Haas (S. 99), James Steidl, James Group Studios, Inc. (S. 106), Elena Blokhina (S. 110), Ruslan Olinchuk (S. 111), Russell Witherington (S. 116),

Druck: Ueberreuter Print & Digimedia, A-2100 Korneuburg
7 6 5 4 3 2 1

Ueberreuter im Internet: www.ueberreuter.at

Inhalt

Vorwort

Der Konsum von Alkohol wird oftmals in Bausch und Bogen verteufelt und verurteilt, doch dies ist – gerade wenn man sich auf den Stand der heutigen Wissenschaft bezieht – grob fahrlässig.

Dass Alkoholmissbrauch viel Schaden anrichtet und bekämpft werden muss, liegt auf der Hand. Dass man aber gleichzeitig die positive Wirkung von Alkohol auf die Gesundheit des Menschen negiert und vorbehaltlos gegen dessen Konsum wettert, bedeutet schlicht, das Kind mit dem Bade auszugießen.

Wenn wir also vom Wein als probatem Anti-Aging-Mittel sprechen, ja gar den neuen – oder besser wiederentdeckten – Jungbrunnen ausloben, ist uns natürlich bewusst, dass Alkohol zu Suchtverhalten führen kann. Uns ist ebenso klar, dass zu viel Alkohol negativ auf die Gesundheit wirkt. All die schlimmen Auswirkungen von Alkohol werden von uns nicht verharmlost.

Was wir Ihnen auf den folgenden Seiten präsentieren, ist keinesfalls als Entschuldigung für jemanden gedacht, der sich dem übermäßigen, ungesunden Alkoholkonsum hingeben möchte. Auch haben wir hier keineswegs vor, den unkontrollierten Alkoholgenuss zu verharmlosen.

Was wir aufzeigen wollen, ist, dass eine bestimmte Art des Alkohols – nämlich der Wein – eine herausragende positive Auswirkung auf die Gesundheit des Menschen hat – sofern er moderat genossen wird.

Einleitung

»Der Wein ist ein dem Menschen wunderbar angemessenes Geschenk der Natur, vorausgesetzt, dass jeder, ob gesund oder krank, es je nach seiner Anlage gebraucht.«

Hippokrates von Kos, griechischer Arzt

Keiner will altern, aber jeder möchte alt werden – ein paradoxer Umstand, der unsere Gesellschaft mehr und mehr prägt. Schon seit jeher steckt im Menschen der Wunsch, ein langes und angenehmes Leben zu führen. Wie sonst sollen wir uns die vielen Mythen und Legenden in allen denkbaren Kulturen erklären, in denen die Suche nach einem Jungbrunnen im Vordergrund steht? Eines musste der Mensch aber wohl immer wieder erkennen: Ewige Jugend war den Göttern vorbehalten – im griechischen Olymp etwa labten sich die Gottheiten an Nektar und Ambrosia, dem Getränk und der Speise der Götter.

Ebenfalls seit Jahrtausenden aber bekannt ist, dass gewisse Nahrungsmittel wahre Lebenselixiere darstellen und somit den »Götterspeisen« zumindest nahe sind. So waren es etwa die Griechen, die den göttlichen Nektar mit dem irdischen Wein gleichsetzten und seine Wirkung als Geschenk der Natur begriffen. Auch im alten China herrschte keine reine Teekultur: Wein zu trinken war zwar nur den Adeligen bzw. der Oberschicht vorbehalten, das Wissen um die wertvollen Eigenschaften des Rebensaftes war aber auch hier bereits sehr wohl bekannt, wie etwa seine inspirative Wirkung: So trank der Kaiser regelmäßig drei Schluck Wein, bevor er sich der Kalligraphie hingab.

Ein fürwahr göttliches Getränk, das uns Menschen mit dem Wein gegeben wurde und das so beispielhaft ist für jene Schätze, die uns die Natur anbietet. Diese Schätze sind es auch, auf die wir zurückgreifen müssen. Denn wir sind bedroht: vom Altern.

Die Risiken des Alterns

Für das Altern sind zwei Faktoren ganz wesentlich verantwortlich: zum einen die freien Radikale, der oxidative Stress (»free radicals«), und zum anderen der innere Brand, der inflammatorische Stress (»silent inflammation«). Sie verrichten ihr Werk relativ ungebremst, wenn wir nicht rechtzeitig gegensteuern.

Hier kommt als Schlagwort »Anti-Aging« ins Spiel. Darunter versteht man in erster Linie die Gesunderhaltung des Körpers und damit die Verlangsamung von Verschleiß- und Abbauprozessen. Anti-Aging stützt sich auf verschiedene Säulen, deren wichtigste wohl die Ernährung, also Essen und Trinken, ist. Alle bedeutenden medizinischen Schulen alter Kulturen schreiben der Ernährung – und speziell auch dem Wein – einen enormen Stellenwert in Bezug auf die Vorbeugung von Krankheiten zu. Geschichtlich betrachtet waren die ersten Ärzte eigentlich Köche, was auch daran zu sehen ist, dass im alten China der Arzt – und nicht der Koch – den Trink- und Speiseplan für den Kaiser erstellte. Interessant zu erwähnen ist auch der Umstand, dass jede chinesische Apotheke ein Restaurant angeschlossen hatte. Hippokrates, der Vater der abendländischen Heilkunst, tat nicht umsonst folgenden Ausspruch: »Eure Nahrung soll euer Heilmittel und euer Heilmittel soll eure Nahrung sein.« Wobei mit Nahrung sehr wohl auch die Flüssignahrung gemeint ist. Wasser, Tee und Wein spielten historisch und kulturell schon immer eine große Rolle.

Kann Wein das Leben verlängern?

Was also vor Tausenden von Jahren schon bekannt oder vermutet wurde, wird von der modernen Forschung immer wieder bestätigt. Sie kommt hierbei zu immer erstaunlicheren Ergebnissen, die uns Aufschluss über die großartige Wirkung vieler pflanzlicher Stoffe, sogenannter Anti-Aging-Substanzen, geben. Ebendiese Substanzen wirken auf vielerlei Weise und werden in den folgenden Kapiteln ihr Forum erhalten. Eines jedoch vorweg: Der faszinierendste und wichtigste Stoff schlummert – und das ist beinahe eine kleine Sensation – im Wein. Sein Name ist Resveratrol und er wirkt genauso, wie wir es gerne möchten: lebensverlängernd. Doch nicht nur besagtes Resveratrol, der gesamte Cocktail an Substanzen im Wein ist für dessen außergewöhnliche Wirkung zuständig.

Wenn wir Wein in Maßen, kombiniert mit der richtigen Ernährung, zu uns nehmen, können wir Erkrankungen vorbeugen und unser Leben verlängern. Lassen Sie uns aber bitte eines in aller Deutlichkeit klarstellen: Die schädlichen Auswirkungen, die Alkohol bei zu hohem Konsum zweifelsohne hat, sind uns als Medizinern und Menschen mit

Hausverstand wohlweislich bekannt. Doch bereits im vorhergehenden Satz ist die Quintessenz enthalten. Sie lautet: »zu viel«. Denn, wie schon Paracelsus wusste, »die Dosis macht das Gift«.

Dieser Zusammenhang zwischen Menge und Wirkung lässt sich an einem anderen wunderbaren Beispiel erläutern: Der Konsum von Aspirin in kleinen Mengen ist uns allen bereits lange vertraut. Schon die Kelten wussten um die Kraft der Weidenbaumgewächse (lat. Salicaceae) bzw. der Weidenbaumrinden: Die durch Kochen gewonnenen Extrakte enthielten Inhaltsstoffe, die mit der im Aspirin enthaltenen Acetylsalicylsäure (ASS) verwandt waren. Die besondere Wirkung kleiner Aspirin-Dosen hat zu einem wesentlichen Fortschritt in der Prävention von Herzerkrankungen, aber auch in der Reduktion von Darmerkrankungen geführt. Nimmt man Aspirin jedoch in großen Mengen zu sich, könnte dies bedrohliche Folgen haben. Genauso verhält es sich mit dem Alkohol. In der richtigen Menge genossen hat er eine positive Wirkung auf den Körper, in zu großen Mengen wirkt er sich negativ aus.

Ist der Verzicht auf Wein ein Gesundheitsrisiko?

Was Anfang bis Mitte des 20. Jahrhunderts als undenkbar galt, wird in den letzten Jahren verstärkt propagiert und durch wissenschaftliche Forschungen unterlegt: Der moderate Genuss von Wein gilt als wichtiger Beitrag zur Präventivmedizin. Es ist beinahe fahrlässig, dieses wundersame Getränk, diesen Jungbrunnen zu ignorieren. Plakativ gesagt ist der Verzicht auf Wein ein Risikofaktor für unsere Gesundheit, was durch zahlreiche wissenschaftliche Untersuchungen ganz deutlich untermauert werden kann.

Es wird also Zeit, eine Lanze zu brechen für eine simple und effektive Anti-Aging-Substanz, die schon seit Tausenden von Jahren bekannt ist und in allen großen Hochkulturen einen enormen Stellenwert hatte. Dies tun wir auf den folgenden Seiten. Wir erläutern dieses Faktum ausführlich und genussvoll. Denn selten ist Anti-Aging so einfach und effektiv zu betreiben wie mit maßvollem Konsum von Wein.

Gießen Sie sich also ein gutes Glas Wein ein, nehmen Sie dieses Buch zur Hand und lassen Sie sich überraschen von Erkenntnissen, die so interessant sind wie eine spannende Geschichte. Eine Geschichte jedoch, die wahr ist und Ihr Leben verändern, ja verlängern wird.

Die Weingeschichte

»Der Wein gehört zu den kostbarsten
Gaben der Erde.
So verlangt er Liebe und Respekt,
wir haben ihm Achtung zu erweisen.«

Hammurabi, babylonischer König

Der Wein ist es also, der uns mit jenen Stoffen versorgt, die unser Leben verlängern können. Unter diesem Aspekt ist eine Keilschrift aus der Zeit des sumerischen Königs Urukagina (um 2350 v. Chr.) kaum verwunderlich, die für die Weinrebe ein Wort enthält, das Sprachforscher mit »Lebensbaum« übersetzt haben.

In der griechischen Mythologie wurde der Nektar als Getränk der Götter bezeichnet. Wenn also die Griechen den Nektar mit Wein verglichen, ahnten sie bereits, welcher Gesundheitsnutzen dem Rebensaft innewohnt?

Aber was ist das eigentlich, der Wein? Wie wirkt er? Wie wurde er entdeckt? Warum wurde er angebaut? Fragen, die man sich heutzutage kaum stellt, weil der Weinkonsum längst kulinarischer Bestandteil des Lebens geworden ist. Zu Unrecht, denn die Historie des Weines ist eine fulminante Erfolgsgeschichte, sowohl in kultureller als auch medizinischer Hinsicht.

Eine Reise durch die historische Weingeschichte

Schon in der Bibel wird Wein als etwas Besonderes beschrieben. So verlässt Noah die Arche nach der Sintflut und baut Wein an – er wird somit zum ersten Winzer. In der Schöpfungsgeschichte heißt es: »Noah wurde der erste Ackerbauer und pflanzte einen Weinberg.« Auch im Neuen Testament werden wir immer wieder mit Wein konfrontiert; so inszenierte etwa Jesus sein erstes Wunder rund um den Rebensaft. Als auf der Hochzeit zu Kana der Wein ausgeht, verwandelt Jesus Wasser in Wein. Große Bekanntheit hat auch ein Satz aus einem Brief von Paulus an Timotheus erlangt: »Trinke nicht mehr Wasser, sondern brauche ein wenig Wein, um deines Magens willen und weil du oft krank bist.«

Der Zufall führte Regie

Die Entstehung von Wein darf man vermutlich, wie so viele Dinge, dem Zufall zuschreiben. Man kann davon ausgehen, dass der Saft wild wachsender Trauben schon früh als Labmittel entdeckt wurde. Dass dieser Saft, als Vorrat gedacht, der Gärung anheimfiel, hatte den ersten Wein zum Resultat. Dass die vermeintlich schlecht gewordene Flüssigkeit trotzdem gekostet wurde, führte wohl zu dieser bedeutenden kulturellen Entdeckung. Die belebende, für ungewohnte Leichtigkeit sorgende, rauschhafte Wirkung dürfte als angenehm empfunden und die Kunde davon rasch verbreitet worden sein.

Wann und wo der erste Wein entstanden ist, lässt sich nicht bestimmen. Was man weiß: Trauben gibt es schon seit über zwei Millionen Jahren und man darf davon ausgehen, dass sie bereits früh von den Menschen gesammelt wurden. Die ältesten Entdeckungen, die den steinzeitlichen Konsum von Trauben belegen, sind etwa 10000 Jahre alt. Forscher betrachten Ansammlungen von Traubenkernen als archäologischen Beweis für die Weinerzeugung. Spuren davon sind zahlreich vorhanden, etwa in der Türkei, im Libanon oder in Jordanien.

Von den Ägyptern bis zu den Galliern

Es könnten die alten Ägypter gewesen sein, die erstmals Saft aus den Trauben gewonnen und zur Gärung gebracht haben. Wie zahlreiche Abbildungen aus dem Niltal belegen, wurde dort um 7000 v. Chr. Wein und Bier getrunken. Es gibt Darstellungen, die Sklaven zeigen, welche ihre betrunkenen Herren nach Hause tragen.

Um 3000 v. Chr. dürfte die Weinkultur auch in Griechenland Einzug gehalten haben. Die Griechen lagerten ihren Wein in Lederschläuchen sowie Tonamphoren, die man mit

Pech verschloss. Auch die Italiener entdeckten bald darauf die Lust am Wein. Unter Pfahlbauten in Oberitalien wurden Rebkerne gefunden, die auf etwa 2000 v. Chr. zu datieren sind. Zu dieser Zeit kannten quasi alle Völker, in deren Gebiet ein geeignetes Klima zu finden war, den Weinbau.

Know-how im Anbau

Um 1000 v. Chr. herum muss man auf die Entdeckung des Rebschnitts gestoßen sein. Eine Legende besagt, dass ein Esel die Rebstöcke seines Herrn kahl gefressen hatte. Der Mann war außer sich, im Jahr darauf aber umso verwunderter, als auf den Rebstöcken kräftigere Triebe wuchsen und die Trauben größer und besser wurden. Von diesem Zeitpunkt an wurden die Reben beschnitten. Die Griechen bringen ihr Know-how noch vor Christi Geburt nach Gallien, von wo aus sich der Weinbau bis ins Rheintal ausbreitet. Die Römer verbieten später den Anbau von Wein in Gallien, um damit bessere Chancen für den Absatz des eigenen römischen Weines zu erhöhen. Dieses Verbot wurde allerdings großteils hintergangen und einige hundert Jahre später wieder aufgehoben. Der römische Kaiser Probus erlaubte den Germanen ihre eigenen Weinberge und galt generell als großer Förderer des Weinbaus. Unter seiner Regentschaft wurde der Rhein um 200 n. Chr. zum blühenden Rebengebiet.

Weinbau im Mittelalter

Karl der Große war ebenfalls ein großer Förderer des Weines. Er ließ viele verschiedene Rebsorten pflanzen und gab zahlreiche Neuanlagen von Weinbergen in Auftrag. Der Kaiser galt auch in puncto Weinkonsum als vorbildlich. So wird berichtet, dass seine Hoheit selten mehr als drei Becher bei Tische trank. Während seiner Regentschaft (um 800) breitete sich der Weinbau bis nach England aus.

Um 1200 entwickelte sich eine gesittete Weinkultur, übertriebener Konsum galt als unschicklich. Wein spielt mitunter in kulturellen Werken eine große Bedeutung; die Eingangsverse der »Carmina Burana« etwa zeugen davon: »Nur bei vollem Becher flammt auf des Geistes Leuchte«, heißt es da. Um 1600 erreichte der Weinbau zumindest in Deutschland seine größte flächenmäßige Ausbreitung. Wein war das Getränk des Volkes. Der 30-jährige Krieg sorgte jedoch für einen herben Rückschlag. Weinberge und Weinkeller, ja ganze Sorten wurden zerstört. Es sollte einige hundert Jahre dauern, bis sich der Weinbau in Mitteleuropa davon erholen konnte.

Fortschrittlicher Weinbau

Im 19. Jahrhundert kam es zur Gründung erster Winzervereinigungen. Insbesondere für die kleineren Winzer stellte dies eine bedeutende wirtschaftliche Verbesserung dar.

Um 1900 begann man, den Weinbau mit naturwissenschaftlichen Methoden zu optimieren. In dieser Zeit wurden aber auch verschiedene Rebkrankheiten aus Amerika eingeschleppt – Mehltau etwa oder die viel besungene Reblaus (Man denke nur an Hans Mosers »Die Reblaus« und die Liedstrophe »A Reblaus möcht' i sein ...«), welche die Weinkulturen in ganz Europa in einem fürchterlichen Ausmaß zerstörte.

Speziell der österreichische Weinbau erholte sich erst nach dem Zweiten Weltkrieg. Verantwortlich dafür zeichneten neue, innovative Produktionsmethoden wie etwa das Ziehen des Rebstocks in einer Hochkultur nach Lenz Moser.

Heute leben wir wieder in jenem Bewusstsein, das vor Jahrtausenden bereits bekannt war: dass Wein, in Maßen genossen, gut für unsere Gesundheit ist. Was uns zum nächsten Abschnitt führt: die Suche nach den medizinischen Spuren des Weines.

Medizinische Weingeschichte

Genauso wichtig wie der kulturelle Hintergrund ist auch die Verwendung von Wein als Heilmittel. Die historischen Beispiele sind zahlreich und reichen von den chinesischen Kaisern der Ming-Dynastie über die Wundwaschungen der Samariter (Neues Testament) bis zum legendären altägyptischen König Echnaton. Dabei handelt es sich um eine Geschichte, die genauso weit zurückreicht wie jene der Medizin. Die Beweise, dass Wein seit der Frühzeit Anwendung in medizinischer Form gefunden hat, sind beeindruckend.

Die herausragende Vereinbarkeit mit verschiedenen medizinischen Wirkstoffen liegt zunächst in einer hervorragenden Eigenschaft von Alkohol begründet: Er ist ein besonders effektives Lösungsmittel. In ihm lassen sich wirksame Substanzen wunderbar auflösen. Pharmakologisch wirksame Stoffe erhielten durch den Wein eine stabilisierende Wirkung, wurden besser konserviert und für den Körper des Menschen verträglicher gemacht. Darüber hinaus konserviert Alkohol sehr gut und garantiert, dass sich die darin gelösten Stoffe chemisch nicht verändern. Ein weiterer positiver Aspekt liegt sicherlich darin, dass der Wein mit seinem Aroma auch weniger wohlschmeckende Arzneien überdeckt.

Hoch entwickelte Kulturen erkannten Weinpotenzial

Was als grandiose Leistung gewürdigt werden muss, ist der Umstand, dass die Ärzte der Frühzeit bereits erkannten, welch großes präventives Potenzial im Wein enthalten ist. Sie waren gute Beobachter, vermutlich aus dem schlichten Grund, dass sie sich auf wenig anderes verlassen konnten. Diese geniale Beobachtungsgabe muss so weit geführt haben, dass die Ärzte entdeckten, dass jene Menschen, die moderat Wein trinken, älter werden als abstinente – und vor allem gesund älter werden.

Dieser Umstand wurde von den hoch entwickelten medizinischen Schulen erkannt und genutzt. Viele Erkenntnisse und besonders deren höchst anspruchsvolle Erklärung gingen auf eines der ersten Universalgenies der menschlichen Geschichte zurück: Imhotep. Imhotep war um 2700 v. Chr. der erste große Baumeister des Alten Reichs in Ägypten. Er trägt die Bezeichnung »Universalgenie« zu Recht: Imhotep war Erfinder, Baumeister, Schriftgelehrter, Ratgeber – und der Begründer der ägyptischen Medizin. Auf ihn geht nicht nur der Bau der ersten Steinpyramide zurück, er war es auch, der die Eckpfeiler des medizinischen Handels in Ägypten installierte. Und hier spielte der Wein eine beträchtliche Rolle. So sind aus dem alten Ägypten zahlreiche Rezepte überliefert, in denen Wein als pharmakologische Grundlage für heilende Pflanzenextrakte diente. Weinhefe wurde häufig zur Herstellung von Salben gegen Rheuma und Schwellungen verwendet, Wein zur Wundbehandlung verschrieben. Imhotep war so populär, dass er in der ägyptischen Spätzeit (dem sogenannten »Neuen Reich«) als Gott des Heilwesens verehrt wurde. Darüber hinaus fand die Gestalt des Imhotep aber auch in die griechische Geschichte Eingang: Die Griechen erkannten in ihm ihren Heilgott Asklepios.

Die Heilkunst der Griechen

Dem Asklepios huldigten die Griechen in über 200 Heilkultstätten, etwa durch Trinkkuren. Zur Linderung von Krankheitssymptomen wurden »Rauschweine« verordnet. Die Einführung von reinem Wein in die Heilkunst in Griechenland stellt eine bedeutende medizinische Wegmarke dar. Dies geschah um 400 v. Chr. durch Hippokrates von Kos. Hippokrates darf ohne falsche Bescheidenheit als der Urvater der Ärzte bezeichnet werden. Noch heute leisten die Mediziner den »Hippokratischen Eid« als grundlegendes Bekenntnis zur medizinischen Ethik. Hippokrates von Kos (er lebte von 460 bis 370 v. Chr.) verordnete die Einnahme von Wein aus verschiedenen Gründen: als Schmerzmedikation, zur Behandlung von Herz-Kreislauf-Erkrankungen, als Mittel gegen Kopfweh, als Stärkungsmittel für Genesende und auch als Beruhigungs- und Schlafmittel.

Interessanterweise wurde der Wein aber auch als äußerlich wirksames Mittel verwendet – in erster Linie zur Wundbehandlung. Die desinfizierende und entzündungshemmende Wirkung des Alkohols ist auch viele Jahre später bei den Wundwaschungen der Samariter dokumentiert.

Heißer Wein gegen Fieber und Blutungen

Einen bedeutenden Meilenstein in der Verwendung von Wein als Medizin bedeutet die Einführung der ersten Art von Differenzialtherapie durch Wein. Diese Maßnahme geht auf Galenus von Pergamon zurück, den dominierenden Arzt der römischen Antike (129 bis 199 n. Chr.). Er verabreichte bei fieberhaften Erkrankungen schwere, süße Weine, bei Appetitmangel eher leichte und säurebetonte Tropfen. Im Fall von Blutungen griff der Arzt auf gerbstoffreiche Weine zurück, was in der abdichtenden Wirkung der Gerbstoffe auf Gefäße begründet war.

Bei den römischen Legionären galt Wein als fixer Bestandteil des Proviants. Der Bezug von Trinkwasser war zu dieser Zeit nämlich ein permanentes Problem. Aufgrund der häufigen bakteriellen Verschmutzungen kam es unter den Soldaten häufig zu Durchfallerkrankungen, welche die Kampfkraft des Heeres schwer beeinträchtigten. Oft kamen Soldaten dadurch zu Tode. Der Zusatz von Wein verbesserte die hygienischen Bedingungen des Wassers, es wurde in vielen Fällen erst dadurch genießbar. Die Bedeutung dieser Vorgehensweise wird anhand einer Verordnung Julius Cäsars unterstrichen, der im Kampf gegen die Gallier seinen Truppen drei Liter Wein in verdünnter Form verordnete – pro Tag. Die Befolgung dieses Befehls ließ Cäsar präzise überwachen.

Auch im alten China war man sich der Bedeutung von Wein als Heilmittel bewusst. Dies lässt sich anhand eines treffenden Beispiels belegen: In das chinesische Schriftzeichen für Medizin ist das Schriftzeichen für Wein eingeschlossen.

Anti-Aging-Cocktails des Mittelalters

Eine wesentliche Rolle spielte auch die Schule von Salerno. Diese medizinische Lehr- und Forschungsanstalt erlebte ihre Glanzzeit vom 10. bis 13. Jahrhundert und war in dieser Zeit für 200 Jahre ein »Hot Spot« der Medizin. Ihr Erfolgsrezept war ein harmonisches Vermischen der medizinischen Wissensstände verschiedener Kulturen: der griechischen, der arabischen, der westlichen und der jüdischen. Das Hospital wurde vom Kloster Monte Cassino unterhalten und diente in erster Linie zur Pflege erkrankter Ordensbrüder. Aus der Gruppe der hier tätigen Heilkundigen entwickelte sich eine der ersten medizinischen

Hochschulen Europas. So wurde hier festgestellt, dass sich medizinische Substanzen wunderbar in Alkohol lösen. Es gibt somit bereits seit dieser Zeit Anti-Aging-Cocktails, die in Alkohol gelöst wurden (man geht davon aus, dass sogar die Kelten bereits entsprechende Getränke zubereiteten, indem sie Nüsse in Wein lösten). Nicht zuletzt die Klöster wussten um die Kraft des Rebensaftes. Hildegard von Bingen setzte den Wein im 12. Jahrhundert zur Balance der vier Körpersäfte Blut, Schleim, gelbe und schwarze Galle ein.

Mittelalterliche Weinkuren

Eine Weinbehandlung der etwas anderen Art entwickelte der Chemiker und Mediziner Friedrich Hoffmann um 1700. Er war der erste Professor an der Martin-Luther-Universität zu Halle und gleichzeitig Leibarzt des preußischen Königs Friedrich I. Seine »Wein-Cur« sah so aus, dass die Patienten in der ersten Woche täglich anderthalb Liter Wein trinken sollten. Die Dosis wurde im Laufe der Kur gesteigert, sodass in der fünften Woche sechs bis acht Liter Wein pro Tag auf dem Verordnungsplan standen. Zu Zeiten des Alchimisten und Arztes Paracelsus (16. Jahrhundert), waren Traubenkuren sehr beliebt. Die kleinbeerige »Isabellatraube« enthielt durch den hohen Anteil an Schalen und Kernen besonders viele Wirkstoffe. Wein setzte sich als heilender Wirkstoff so weit durch, dass mitunter bestimmte Weine zur Genesung verschrieben wurden – in Maßen, versteht sich. Denn schließlich bemerkte Paracelsus richtig: »All Ding' sind Gift und nichts ohn' Gift; allein die Dosis macht, dass ein Ding kein Gift ist.«

Wiederentdeckung im 20. Jahrhundert

Wie bei so vielen Dingen war es die Neuzeit, die dem Wein als Medizin vorerst seine Bedeutung nahm. Mit dem Aufkommen der Alkoholdestillation und der damit einhergehenden Verbreitung von hochprozentigem Alkohol kam es zur massiven Verbreitung von Alkoholismus. Diese Entwicklung traf leider auch den gesundheitsfördernden Wein, der mit harschen Kampagnen mitbekämpft wurde. Zu einem Umdenken kam es im letzten Drittel des 20. Jahrhunderts. Heute ist das Wissen um die Wirkung des Weines, der Polyphenole und im Besonderen der Substanz Resveratrol weitgehend Allgemeingut, was sich auch durch entsprechende Nahrungsergänzungsmittel am Markt zeigt. Die Bedeutung dieses alten und neu entdeckten Wissens ist für unsere Gesellschaft enorm. Wir müssen diese Chance nutzen, um uns gegen jene Bedrohungen zu wappnen, die uns zu schnell altern lassen. Von diesen Gefahren soll im nächsten Kapitel die Rede sein.

Lenz Moser
Blauer Zweigelt

Die Gefahren des Alterns

»Alter ist noch immer das einzige Mittel,
das man entdeckt hat,
um lange leben zu können.«

Daniel François Auber (1782–1871),
französischer Komponist

Jeder von uns lebt in ständiger Bedrohung. Dabei sprechen wir nicht von offensichtlich üblen Dingen wie Krieg, Verbrechen oder Ähnlichem, wir sprechen von jenen Faktoren, die sich negativ auf unseren Körper, unsere Gesundheit, ja unser Alter auswirken. Vielen Menschen ist diese Bedrohung nicht bekannt bzw. bewusst, daher leben sie unbedarft, wenn es um Dinge wie die eigene Ernährung geht.

Dabei gibt es zwei Dinge, vor denen wir uns berechtigterweise fürchten müssen: Das eine kennen wir schon länger, die Rede ist von den freien Radikalen, dem oxidativen Stress (»free radicals«). Das andere ist uns erst seit Kurzem bekannt, wir sprechen hier vom inneren Brand, dem inflammatorischen Stress (»silent inflammation«).

DIE ZWEI RISIKEN

1. Freie Radikale oder oxidativer Stress (»free radicals«)
2. Der innere Brand oder inflammatorischer Stress (»silent inflammation«)

ERFOLGREICHES ALTERN =
GEGEN DIESE ZWEI RISIKEN VORGEHEN

Freie Radikale

Unter freien Radikalen (oxidativem Stress, »free radicals«) versteht man aggressive, sauerstoffhältige Moleküle mit ungemein zerstörerischer Wirkung. Sie bringen Autos zum Rosten, sorgen dafür, dass Äpfel verfaulen, und sind verantwortlich für das Welken der Haut. Der italienische Wissenschaftler Paolo Giacomini beschrieb die freien Radikale pointiert, aber treffend: »Man muss sich die freien Radikale vorstellen wie rücksichtslose italienische Junggesellen.«

Denn was tun diese freien Radikale? Genauso wie besagte Junggesellen nähern sie sich dem Objekt ihrer Begierde relativ harsch und »stehlen« das, was sie so gerne hätten. Chemisch gesprochen passiert Folgendes: Freie Radikale sind Sauerstoffatome, die bei der Energiegewinnung nicht genutzt werden. Diesen Atomen fehlt ein wichtiges Elektron in ihrer äußeren Schale. Dieses Ungleichgewicht muss kompensiert werden. Folglich wird anderen Molekülen oder Atomen ein Elektron gestohlen, wodurch diese ebenfalls zu Radikalen werden.

Unser Körper ist zwar grundsätzlich in der Lage, solchen Radikalen wirksam zu begegnen und sie unschädlich zu machen, er kann aber auch durch verschiedene Umwelteinflüsse, die zumindest teilweise in unserer Hand liegen, überfordert und für freie Radikale zugänglich gemacht werden. Innere Radikalquellen sind etwa Stress, Entzündungen, Verletzungen und hohe körperliche Belastungen. Äußere Radikalquellen stellen beispielsweise Rauchen, Alkohol, Luftverschmutzung, UV-Strahlen, Pestizide, Röntgenstrahlen oder bestimmte Medikamente dar.

Die Bedrohung durch freie Radikale ist in unserer modernen Welt fast allgegenwärtig, wir sind ständig mit einer massiven Schwächung unseres Körpers konfrontiert. Aber wie können wir uns schützen? Wenden wir uns zuvor einer zweiten Gefahr zu, die vielleicht noch viel größer ist. Schlichtweg weil sie unsichtbar und uns daher nicht bewusst ist.

Der innere Brand

Der Begriff »Entzündung« ist uns allen ein Begriff. Worüber man vielleicht noch nicht nachgedacht hat, ist der Umstand, dass der Hinweis auf einen Brand in diesem Wort bereits enthalten ist. Eine Entzündung ist gekennzeichnet durch Schmerzen, Schwellungen und auffällige Rötungen. Es gibt jedoch auch eine stille Form der Entzündung, die wir erst seit Kurzem kennen und nicht wahrnehmen können. Ganz einfach deshalb, weil sie ruhig und schmerzlos abläuft. Ärzte sprechen in diesem Fall von einer »silent inflammation«, einem stillen oder inneren Brand. Dieser Zustand lässt sich am besten mit dem bekannten Spruch von der »Spitze des Eisbergs« erläutern. Der innere Brand ist zu vergleichen mit einem riesigen, massiven Eisberg, der sich unbemerkt bildet und dessen Spitze erst nach langer Zeit an die Oberfläche dringt. Stille Entzündungen häufen sich oft über Jahre, sogar Jahrzehnte hinweg an, bis sie plötzlich in Form von schweren Erkrankungen wie Herzinfarkt, Alzheimer oder Krebs an die Oberfläche dringen.

Zwei Königswege gegen das Altern

So bedrohlich die zwei eben vorgestellten Risiken auch sein mögen – wir können etwas gegen sie tun. Das große Geheimnis liegt in der Nahrung, die wir zu uns nehmen.

Wir kennen zwei Königswege, um den inflammatorischen Stress, dem wir ständig ausgesetzt sind, zu reduzieren und niedrig zu halten. Die erste Möglichkeit liegt im Konsum jener Nahrungsmittel, in denen Omega-3-Fettsäuren zu finden sind, etwa Seelachs, Sardellen oder Rapsöl. Die zweite Möglichkeit liegt im Konsum besonders herausragender Pflanzeninhaltsstoffe, die etwa in der Sojapflanze (wie die Isoflavone) oder im Wein (beispielsweise Querzetin oder das großartige Resveratrol) zu finden sind.

DIE ZWEI KÖNIGSWEGE GEGEN DEN INFLAMMATORISCHEN STRESS

1. Konsum von Omega-3-Fettsäuren
2. Konsum von Pflanzeninhaltsstoffen wie Isoflavone oder Resveratrol

Doch auch gegen die freien Radikale, den oxidativen Stress, können wir uns wappnen. Ein Weg wäre, den Radikalquellen weitgehend auszuweichen. Das mag teilweise relativ leicht zu bewerkstelligen sein, oft aber ist es schlichtweg unmöglich. Wir können diesem

Dilemma aber entgegenwirken, indem wir unseren Körper aktiv stärken und ihn mit den richtigen Lebensmitteln – wahren Mitteln zum Leben – versorgen. Derlei Nahrung wirkt antioxidativ, was so viel bedeutet, dass sie freie Radikale bindet und damit unschädlich macht. Welche kraftvollen Mittel dies sind, wollen wir später erläutern.

Gefahr durch Transfette und Zucker

Genauso wie uns die richtigen Lebensmittel vor dem inneren Brand schützen können, können die falschen Lebensmittel Schaden anrichten. Häufige Auslöser für innere Brände sind »schlechte« Fette wie Transfette (künstlich hergestellte Fette, zu finden in Fast-Food-Speisen, aber auch in Kuchen, Gebäck, Plunder und fertigen Salatsaucen), die unbemerkt Entzündungen an den Gefäßwänden verursachen. Wechselt man diese »Teufelsfette« nicht gegen »gute« Öle oder »Engelsfette« aus, kommt es früher oder später zu einem schweren gesundheitlichen Schaden, der sogar einen frühen Herz- oder Hirntot herbeiführen kann. Ebenfalls gefährlich ist der weiße Zucker. Dieser verklebt und verdickt stetig die Zellmembranen. In der Folge entzünden sich die Gefäßwände in derselben Weise wie Haut, die durch die Sonne geschädigt wurde (Sonnenbrand). In derselben Weise wird auch die frühe Hautalterung verursacht, die durch Trockenheit und Faltenbildung sowie unregelmäßige Textur und Altersflecken Kummer bereitet. So wachsen unbeobachtet Gefahren heran, die früher oder später zu beträchtlichen gesundheitlichen Problemen führen werden. Doch bitte brechen Sie nicht in Panik aus. Nun, da wir uns dieser Bedrohung bewusst sind, können wir etwas dagegen unternehmen. Eine Sache brauchen wir ganz dringend: einen Brandlöscher. Und diesen liefert uns die Natur.

Richtig essen und trinken – erfolgreich altern

Was wir unbedingt benötigen, ist ein Schutz gegen den inneren Brand (inflammatorischen Stress, »silent inflammation«). Diesen Schutz erhalten wir, indem wir die richtigen Lebensmittel zu uns nehmen. Nahrung, die im besten Sinne des Anti-Agings wirkt und uns mit der hervorragenden »antiinflammatorischen« Wirkung von sekundären Pflanzeninhaltsstoffen zur Verfügung steht. Auch gegen die Bedrohung durch freie Radikale benötigen wir entsprechende Lebensmittel. Radikalfänger sind in Obst- und Gemüsesorten, in der Haut von Früchten, im Blattgemüse oder in den Schalen sowie Kernen der Weintrauben enthalten (die wertvollen Pflanzeninhaltsstoffe gehen bei der Rotweinkelterung durch das längere Liegenlassen in der Maische in den Wein über). Auch Tomaten, Oliven, Broccoli und Kürbis punkten mit ihrer Schutzwirkung. Die Wirkkraft von Antioxidantien gegen freie Radikale ist enorm. Viele Untersuchungen haben gezeigt, dass diese Mikronährstoffe vielfältig in den Stoffwechsel eingreifen. Als gesichert gilt, dass sie den Cholesterinspiegel senken, das Arterioskleroserisiko reduzieren, das Risiko für alle Arten von Krebs vermindern, den Schutz vor Herzerkrankungen und Schlaganfall erhöhen und das Fortschreiten von geistigem Abbau verlangsamen. Darüber hinaus helfen sie, dem Körper krank machende Stoffe zu entgiften, den Schutz gegen Umweltschadstoffe, Zigarettenrauch oder Lungenerkrankungen zu verstärken und auch das Auge vor Netzhautschäden zu bewahren.

Anti-Aging ist kulinarischer Natur

Die Geschichte des Anti-Agings ist nämlich in erster Linie eine Geschichte der Ernährung. Alle großen medizinischen Schulen der alten Kulturen schreiben dem Essen und den Getränken einen bedeutenden Stellenwert in Bezug auf die Vorbeugung von Krankheiten zu. Sie behandelten den menschlichen Organismus wie ein fein abgestimmtes Instrument, dem man größte Aufmerksamkeit zukommen ließ. Das wesentliche Forschungsinstrumentarium, dessen man sich dabei bediente, war die genaue Beobachtung. Ebenjene Beobachtungsgabe muss ganz enorm gewesen sein, was wiederum ein sehr enges Verhältnis zur Natur und zu den Pflanzen voraussetzt. So kannten etwa die Griechen 1000 verschiedene Pflanzenarten mitsamt ihren Eigenschaften. Viele durch diese frühen Beobachtungen gewonnene Erkenntnisse werden heute durch die moderne Wissenschaft bestätigt. Diese Errungenschaften machen es heute möglich, wieder bewusstes Anti-Aging zu betreiben.

Haben Sie schon mal was von den 15 Anti-Aging-Stars gehört? Bohne, Broccoli, Joghurt, Hafer, Hühnerfleisch, Kürbis, Olive, Orange, Sojabohne, Spinat, Tee, Tomate, Traube, Walnuss und Wildlachs wirken wahre Wunder: Im Unterschied zu den »klassischen« Vitaminen haben sie alle eine mehrfach höhere antiinflammatorische und antioxidative Wirkung. Beispiele gefällig? Der Spinat ist eine mit antioxidativen Stoffen geladene Waffe: Er besteht praktisch nur aus »Haut« und muss sich somit gänzlich gegen aggressive Umwelteinflüsse und UV-Licht schützen. Die geballte Kraft an Abwehrstoffen steckt somit in den Spinatblättern. Das erklärt auch, warum 1900 Gramm Gurke nicht mehr Schutzwirkung haben als 100 Gramm Spinatblätter: Die Schale der Gurke macht nur einen geringen Anteil des ganzen Gemüses aus. Gerade die Schale aber ist es, welche die wertvollen Substanzen enthält. Das gilt auch für die Weintraube. Gerade bei den kleinen Trauben haben wir es in Summe mit viel Oberfläche und vielen Kernen zu tun, wodurch diese für einen besonders starken Wirkstoffgehalt sorgen.

Anti-Aging durch Ernährung

»Wein ist unter den Getränken das nützlichste,
unter den Arzneien die schmackhafteste,
unter den Nahrungsmitteln das angenehmste.«

Plutarch,
griechischer Philosoph

Fassen wir das bisher Gehörte noch einmal kurz zusammen: Wir kennen zwei gewaltige Risiken des Alterns, zum einen die freien Radikale, den oxidativen Stress, und zum anderen den inneren Brand, den inflammatorischen Stress. Diese beiden Risiken müssen von uns aktiv bekämpft werden. Glücklicherweise schickt uns die Natur Helfer gegen die übermächtige Bedrohung, wie wir vorhin bereits ausgeführt haben.

Dem inflammatorischen Stress begegnen wir am besten mit zwei Königswegen: dem Konsum von Omega-3-Fettsäuren und dem Konsum von Pflanzeninhaltsstoffen wie Resveratrol oder den Isoflavonen.

Das ultimative Anti-Aging-Fett

Anti-Aging ist ganz wesentlich eine Sache der richtigen Fette. Die wahren Stars unter den Fetten sind die Omega-3-Fettsäuren, die in Fischfett, aber auch in verschiedenen pflanzlichen Ölen zu finden sind. Fette sind grundsätzlich wichtige Bestandteile der menschlichen Ernährung. Ohne sie können etwa die fettlöslichen Vitamine A, D, E und K nicht verwertet werden. Man unterscheidet zwischen gesättigten und ungesättigten bzw. mehrfach ungesättigten Fettsäuren. Da wie dort gibt es gute und schlechte Fette. Von einem »schlechten« Fett sprechen wir dann, wenn es sich in den Gefäßen ablagert. Dadurch kommt es zu Verengungen und in der Folge zu Durchblutungsstörungen, die wiederum Infarkte auslösen.

Die sekundären Pflanzeninhaltsstoffe

Den zweiten Königsweg im Kampf gegen den inflammatorischen Stress gehen wir, indem wir Nahrungsmittel zu uns nehmen, die reich an sekundären Pflanzeninhaltsstoffen sind. Diese Stoffe wirken auch gegen den oxidativen Stress ganz hervorragend. Jede Substanz für sich ist ein Segen, der uns hilft Krankheiten zu vermeiden, die das Altern beschwerlich machen. Wir stellen hier jene drei Vertreter vor, die als die derzeit wertvollsten eingeschätzt werden können. Vorhang auf für die Anti-Aging-Spezialisten: Isoflavone, Lycopin und Resveratrol.

Die Isoflavone

Isoflavone sind sogenannte Phytohormone, die dem weiblichen Sexualhormon Östrogen ähnlich sind und auch Phytoöstrogene genannt werden. Verschiedene Untersuchungen belegen, dass oft schon die Einnahme von pflanzlichen Östrogenen und die Anwendung anderer Phytotherapien genügen, um Wechselbeschwerden wie Stimmungsschwankungen, Hitzewallungen oder trockene Haut nachhaltig zu reduzieren. Über die Ernährung können Isoflavone aber nicht nur Wechselbeschwerden verringern, sondern auch positiv auf die Knochendichte und Herz-Kreislauf-Erkrankungen sowie bekämpfend gegen Osteoporose und Krebs wirken. Höchst interessant sind Insoflavone in Hinblick auf die erwähnten Gefahren: Gemeinsam mit den Vitaminen A, C und E schützen sie nämlich als natürliche Antioxidantien vor den aggressiven freien Radikalen. Der wichtigste Isoflavonlieferant ist die in Asien sehr geschätzte Sojapflanze, welche vermutlich für die Gesundheit und Schönheit der japanischen Bevölkerung verantwortlich ist. Wir Europäer haben in puncto Soja leider oftmals mit Verdauungsproblemen zu kämpfen, da wir Sojaprodukte oft nicht gut abbauen können. Zum Glück gibt es mit Leinsamen, Erbsen, Bohnen und Linsen, aber auch Äpfeln, Kürbis, Kohl, Oliven und Petersilie sehr ansprechende Alternativen.

Das Lycopin

Lycopin ist nicht nur für die rote Färbung der Tomate verantwortlich, sondern schützt auch vor Hautalterung und schädlichen UV-Strahlen. Wie die meisten Pflanzeninhaltsstoffe wird Lycopin beim Erhitzen und Weiterverarbeiten nicht zerstört. Der Darm nimmt die Wirkstoffe sogar besser auf, wenn die Tomaten erhitzt und mit gutem Öl kombiniert werden. Die Schutzwirkung ist daher in Tomatensoßen, Tomatenmark und zuckerfreiem Ketchup besonders hoch. Eine Mailänder Studie hat gezeigt, dass Italiener, die regelmäßig Pizza mit Tomatensoße zu sich nehmen, ein geringeres Risiko haben, an Krebs zu erkranken. Ein klarer Fall: Schließlich steckt in einem Viertelliter Tomatensugo die Kraft von 4 kg Tomaten. Als hochpotentes Antioxidativum schützt die Substanz wunderbar vor freien Radikalen und gilt daher als effektive Prophylaxe von einigen Krebsarten und Herz-Kreislauf-Erkrankungen. Die beste Schutzwirkung wurde bis dato gegenüber dem Prostatakrebs gefunden. Lycopin findet sich aber nicht nur in der Tomate, auch in Marille, Wassermelone, Papaya oder Guave ist dieser Musketier zuhause.

Das Resveratrol

Wir fassen zusammen: Isoflavone und Lycopin (aber auch das Hydroxithyrosol aus der Olive) sind großartige Substanzen, die sich für uns in die Schlacht werfen und mit ihrer antiinflammatorischen Wirkung ein Bollwerk gegen die verschiedenen Bedrohungen bilden.

Ein Musketier jedoch überstrahlt sie alle und ist in allen Belangen herausragend: Wir sprechen vom Resveratrol, eines der wirksamsten Antioxidantien. Diese Substanz findet sich zusammen mit anderen Polyphenolen in hoher Konzentration hauptsächlich in der Weintraube (und dort vor allem in der Haut von roten Trauben), aber es ist auch in Himbeeren, Maulbeeren und Erdnüssen zu finden.

Eine Erkenntnis mit Tiefenwirkung

Bedenken Sie aber Folgendes: Die Natur offeriert den Menschen einen Stoff, der nicht nur gegen die massiven Gefahren der freien Radikale und des inneren Brandes schützt, nein, sie gibt uns ein Mittel in die Hand, das unser Leben verlängern kann.

Eine Frage drängt sich spontan auf: Wie können wir von dieser Substanz nun am besten profitieren? Die Antwort ist so simpel wie genial: Die Wahrheit liegt im Wein, um das geflügelte Wort »In vino veritas« hier zu strapazieren. Resveratrol findet sich, wie bereits erläutert, in der Weintraube, genauer gesagt in der Schale. Durch die lange Vergärung geht dieser Wirkstoff in verdichteter Form in den Rotwein über, wodurch dieser als Anti-Aging-Getränk so wichtig und empfehlenswert wird.

Der Wein – ein Jungbrunnen

»Wein ist die Nachtigall unter den Getränken.«

Voltaire,
französischer Philosoph und Schriftsteller

Die Gesundheit liegt zu einem Großteil in der eigenen Hand – man ist sich dessen allerdings zu oft nicht bewusst. Besonders Menschen in den Industriestaaten beweisen regelmäßig, dass sie selbst ihr größter Feind sind. Wir wissen aus verschiedensten Studien, dass in Staaten, die über eine gut dosierte Gesundheitsversorgung verfügen, die Motivation der Bewohner geringer ist, gesund zu essen und zu trinken. Das mag daran liegen, dass man dem Gesundheitswesen die Funktion eines Sicherheitsnetzes zuordnet. Diese Philosophie ist natürlich stark fehlerhaft, denn viele Krankheiten, mit denen man im Alter konfrontiert wird, kann man vermeiden, indem man frühzeitig mit guter Ernährung vorbeugt – und da darf der Wein mit seinen vielen nützlichen Komponenten ganz und gar nicht fehlen. Sein geniales Anti-Aging-Potenzial brauchen wir unbedingt.

Natürliches Wunderwerk

Halten wir kurz fest: Moderater Weinkonsum wirkt generell positiv auf die Gesundheit. Noch mehr als vom Weißwein profitieren wir vom Rotwein. Warum ist gerade der Rotwein ein so starkes Mittel gegen das Altern? Es liegt an einem außergewöhnlichen Cocktail von verschiedenen Inhaltsstoffen. Im Rotwein sind bis zu 130 verschiedene Substanzen zu finden. Dazu gehören Vitamine, Mineralien und viele sekundäre Pflanzenstoffe, die Polyphenole. Zur näheren Erläuterung müssen wir kurz in den Chemiebaukasten blicken: Die Polyphenole sorgen für das charakteristisch herbe Aroma des Rotweins und stellen jene große Gruppe von Substanzen dar, zu der auch Gerb- und Farbstoffe zählen, etwa Tannine und Flavonoide. Die Flavonoide wiederum sind zum einen Farbstoffe und kümmern sich zum anderen um den Stoffwechsel in den Pflanzen. Das wertvollste Flavonoid ist das Resveratrol. Dieser Wirkstoff ist nur in wenigen Pflanzen zu finden, etwa in Waldbeeren oder Erdnüssen. Die stärkste Konzentration jedoch findet sich in der Schale der Weintraube.

Polizei im Pflanzensystem

Wo kommt das Resveratrol nun her? Es ist die Reaktion der Weintraube auf Bedrohungen von außen. Die Pflanze schützt sich vor Krankheiten und schädlichen Eindringlingen, und dies tut sie, indem sie Resveratrol bildet. Es spielt somit Polizei und bewahrt die Traube vor Pilzen, Infekten oder den schädlichen UV-Strahlen der Sonne. Je größer der »Stress«, den die Traube empfindet, desto mehr Resveratrol wird gebildet. Von dieser Kraft profitiert auch der Mensch.

Wundermittel Resveratrol

Das hitzestabile Resveratrol verfügt über eine Reihe ganz hervorragender Eigenschaften. Es schützt die Gefäße, verringert das Risiko von Herz-Kreislauf-Erkrankungen, senkt den Cholesterinspiegel und wirkt entzündungshemmend. Es ist als starker Radikalfänger von großer Bedeutung und bewahrt die Gefäße vor Verkalkung und anderen Degenerationserscheinungen. Dank ihrer antioxidativen Wirkung kann diese herrliche Substanz den Cholesterinspiegel senken und das Wachstum von Krebszellen verlangsamen. Unter zahlreichen internationalen Arbeitsgruppen haben auch Innsbrucker Wissenschaftler kürzlich bewiesen, dass Resveratrol sogar in der Lage ist, Krebszellen abzutöten. Es wirkt darüber hinaus auf das Zentralnervensystem und beugt so Alzheimererkrankungen vor. Das Risiko altersbedingter Augenerkrankungen wird ebenfalls reduziert. Jüngste Arbeiten haben gezeigt, dass Resveratrol trotz geringer Mengen so intensiv wirkt, weil offenbar schon minimale Mengen der Abbauprodukte für die Gesundheit so hoch potent sind.

Resveratrol wirkt zudem dem beschleunigten Alterungsprozess entgegen. Eine sehr wichtige Funktion des Resveratrols interessiert uns nämlich vom Anti-Aging-Standpunkt aus besonders: Es täuscht dem Körper eine Kalorienrestriktion vor und versetzt die Zellen in eine Art moderaten Winterschlaf. Die Folge ist höchst erfreulich: Das Altern kann verzögert werden. Als profundes Beispiel für diese Wirkung darf auf die Französin Jeanne Calment verwiesen werden. Die Dame trank jeden Tag ein Glas Rotwein und erreichte das biblische Alter von 122 Jahren, übrigens das höchste Alter, das eine Frau jemals erreicht hat. Sie ist nur eines von vielen Beispielen dafür, wie gut uns die Kraft der Trauben, in moderaten Mengen genossen, tut. Und – das ist ganz wichtig – wir brauchen die Kraft der Trauben tatsächlich in der Form des Weines: Weder die Trauben selbst noch der Traubensaft können einen alternativen Stellenwert einnehmen.

Warum Wein statt Traubensaft?

Wir wissen freilich, dass dieses Faktum im Verständnis der Menschen noch nicht angekommen ist, wie folgende Anekdote beweist. Unlängst kam ein interessierter Weinfreund auf uns zu und fragte: »Könnte man nicht einfach auch eine große Menge an

Weintrauben essen? Hätte man damit nicht den gleichen Effekt, wie der Weintrinker erzielt?« Ein höchst interessanter Einwand, kein Zweifel. Dieser Frage entgegnet man am besten mit einer bildhaften Antwort. Stellen Sie sich bitte folgendes Szenario vor: Auf dem Tisch vor Ihnen, auf ein schönes Tuch gebettet, befindet sich ein Haufen Weintrauben. Ein großer Haufen, mehrere Kilo. Wollten Sie nun in den Genuss jener Menge von Trauben kommen, die sich in einer Flasche Wein befinden, müssten wir Sie darum bitten, diesen Haufen zu verzehren – vollständig natürlich. Eine große Aufgabe, fürwahr.

Doch das ist noch nicht alles: Selbst wenn Sie diesem Vorschlag Folge leisten würden, hätten Sie nicht denselben Nutzen, wie wenn Sie eine Flasche Wein trinken. Denn im Wein finden wir all die wunderbaren Stoffe, die den Trauben abgerungen wurden, in geballter Form. Ganz zu schweigen von den Darmbeschwerden, die bei dieser Art der Konsumation auftreten würden.

Ein bisschen Alkohol muss sein

Wir wissen über die Weintraube, dass sie voller wertvoller Substanzen ist – die wertvollsten davon finden sich in der Traubenhaut und in der Haut der Kerne. Würden wir, wie vorhin geschildert, diesen Haufen Trauben essen, könnte unsere Verdauung diese Stoffe gar nicht entziehen. Das muss bei der sorgfältigen Weinproduktion geschehen. Die Trauben liegen dort in der Maische, im Falle von Rotwein eine Woche oder länger. Im nach einer Weile einsetzenden Gärungsprozess (hier entsteht aus Zucker Alkohol) werden die wertvollen Substanzen aus der Schale gezogen. Je länger die Maische liegt, desto mehr Stoffe werden den Trauben entzogen, weshalb gerade diese Weine für uns so interessant sind: Sie enthalten einen unglaublich wirksamen Anti-Aging-Cocktail.

Betrachten wir beispielsweise nur einmal die Anthozyane, also jene Stoffe, die für die Farbe der Trauben zuständig sind und ganz nebenbei eine herrliche Nahrungsergänzung darstellen: Die durchschnittliche tägliche Aufnahme liegt im Bereich von 2,7 mg. Doch bereits in einem kleinen Glas Rotwein ist das 10fache davon enthalten.

Es ist also nicht nur die Menge an Trauben, es ist auch der Alkohol, sprich die Vergärung, die für die besondere Ansammlung von Substanzen im Wein verantwortlich ist. Die wichtigste dieser Substanzen ist eindeutig das Resveratrol. Doch dass nicht nur Resveratrol von großer Bedeutung ist, sondern noch viele andere wertvolle Substanzen im Wein zu finden sind, das macht der nächste Abschnitt klar.

Ihr hundertster Geburtstag

Stellen Sie sich vor: Es ist Ihr hundertster Geburtstag! Anstoßen würden wir darauf – natürlich – mit einem schönen Glas Rotwein. Utopisch? Haben Sie noch nie daran gedacht, ein so biblisches Alter zu erreichen?

Diese Frage mag vielleicht keck klingen, wenn man bedenkt, dass die Lebenserwartung in Österreich für Frauen bei 82,3 Jahren, für Männer bei 76,7 Jahren liegt. Anderen Regionen mag es hier allerdings deutlich besser gehen. Nehmen wir etwa Sardinien: Eine Provinz dieser Insel weist die höchste relative Häufigkeit an Hundertjährigen auf – trotz der Tatsache, dass hier nur eine rudimentäre medizinische Versorgung gegeben ist. Warum leben diese Menschen länger? Liegt es an den Genen? Am Ort, an dem sie leben? Oder vielleicht ist ausschlaggebend, was sie essen und trinken? Hat es vielleicht mit dem Lebensstil zu tun? Zumindest die letzten beiden Fragen können wohl mit einem eindeutigen Ja beantwortet werden. Denn wir können sehr viel vom Lifestyle jener Bevölkerungen lernen, bei denen Herzkrankheiten und Krebs weniger oder in einem höheren Lebensalter auftreten.

Leben Sie schon mediterran?

Betrachtet man nämlich die Lebensgewohnheiten in vielen Ländern (zu denen zweifellos auch die reichen mitteleuropäischen Staaten zählen), erkennt man schnell eine Hand voll Gründe, die gegen ein langes Leben wirken: Zu viele Menschen rauchen, zu viele sind übergewichtig und zu wenige achten auf ihre tägliche Dosis Bewegung – bei einer großen Anzahl treffen alle drei Gründe zu. Die Bewohner von Sardinien beispielsweise sind uns diesbezüglich weit voraus – und das, obwohl dort wohl kaum ein Hundertjähriger je ein Fitnesscenter gesehen hat. Das Geheimnis liegt zum Großteil in der Lebensführung dieser Menschen. Sie sind sicher beispielgebend in Hinblick auf die bekannten Anti-Aging-Säulen. Allein die Ernährung ist vorbildhaft und entspricht im Wesentlichen der mediterranen Diät. Der hier angebaute Wein ist ebenfalls vorzüglich und trägt ein Übriges zum lebensverlängernden Lifestyle bei: Die Sardinier ernähren sich unbewusst auf eine antioxidative und antiinflammatorische Art und Weise und können den Menschen in den vermeintlich reicheren Ländern als Beispiel dienen. Denn trotz – oder gerade wegen – unseres Fortschritts leiden wir an großen gesundheitlichen Problemen.

Prognosen mit erschreckenden Aussichten

Denn so gut es der westlichen Welt momentan noch zu gehen scheint, die Trendwende könnte schon vonstattengegangen sein. So kennen wir statistisches Material aus Amerika, das vermuten lässt, dass die US-Amerikaner bereits wieder über eine abnehmende Lebenserwartung verfügen. Schuld daran ist die Ernährung, genauer gesagt die sogenannte »western diet«. Damit wird ein Ernährungsstil bezeichnet, der durch eine zu hohe Zufuhr von falschen Fetten (allen voran Transfette) und Proteinen, falschen Kohlenhydraten und Zucker sowie einer zu geringen Konsumation von Ballaststoffen, Vitaminen und Mineralstoffen gekennzeichnet ist. Man könnte fast sagen – entschuldigen Sie den Ausdruck –, dass sich die Menschen zu Tode »fressen«.

Aber nicht nur Amerika ist davon betroffen, wir haben es generell mit einem wachsenden Problem der westlichen Staaten zu tun. Und dieses Problem ist größer, als viele glauben. Denn was sind die Folgen dieser falschen Ernährung? Es sind dies Erkrankungen wie Krebs, Alzheimer, Osteoporose, Diabetes und natürlich Herz-Kreislauf-Probleme.

Greifen wir beispielsweise die Herzerkrankungen heraus: Sie sind derzeit die häufigste Todesursache in Europa und Nordamerika. Der Trend dürfte aber weitergehen. Die WHO (Weltgesundheitsorganisation) geht davon aus, dass im Jahr 2016 etwa sechs von zehn Todesfällen auf Herzerkrankungen zurückgehen werden.

Es ist also höchste Zeit, dieser Bewegung entgegenzuwirken. Denn diese »western diet« ist für uns Menschen der westlichen Welt eine ähnliche Bedrohung, wie sie die Bleirohre im alten Rom waren. Denn besagte Bleirohre, die anfangs als tolle Innovation galten, dürften maßgeblich am Untergang des Römischen Reiches beteiligt gewesen sein. Krankheiten und Unfruchtbarkeit waren die Folgen von Bleivergiftungen, und die Römer ahnten nichts von der Bedrohung. Ähnlich verläuft die Geschichte heute: Die Menschen konsumieren ihre Nahrungsmittel hirnlos und schaffen damit die großen Gesundheitsprobleme.

Weingenuss kann Verkalkung stoppen

»Ein Mann ist nur so alt wie seine Arterien«, sagte bereits 1862 der kanadische Physiker Sir William Osler, und dieser Ausspruch hat noch heute seine Gültigkeit. Wir müssen danach trachten, unsere Gefäße in Topform zu halten, denn gesunde Blutgefäße sind das Geheimnis, damit auch Herz, Hirn und Haut in gutem Zustand bleiben. Hier kann uns der Wein eine große Hilfestellung sein. Eine niederländische Studie zeigt dies ganz hervorragend: In Rotterdam wurden die Gefäße von 1795 Menschen im Durchschnittsalter von 70 Jahren mithilfe einer Computertomographie untersucht. Die Personen verfügten über unterschiedliche Trinkgewohnheiten. Das erstaunliche Ergebnis untermauert unsere Empfehlungen: Bei jenen Versuchspersonen, die einen täglichen Konsum von ein bis zwei Gläsern Wein vorzuweisen hatten, wurde eine geringere Verkalkung festgestellt. Wein wirkt also als wahres Anti-Aging-Elixier und verlangsamt die Alterung der Arterien. Nicht nur das: Es gibt sogar Fälle, bei denen die Alterung der Gefäße deutlich unter dem tatsächlichen Alter liegt.

Sechs Jahre länger leben

Einen weiteren guten Grund, moderat Wein zu genießen, liefert uns eine Studie aus Italien. 1536 Männer aus zwei italienischen Dörfern im Alter von 45 bis 64 Jahren wurden dabei von 1965 an 30 Jahre lang beobachtet. Die Analyse der Lebenserwartung basierte auf dem Konsum von beliebigen alkoholischen Getränken, 97 % tranken allerdings nur

Wein und ein Großteil davon ausschließlich Rotwein. Die Männer mit der höchsten Lebenserwartung waren jene, die nicht rauchten und vier bis sieben alkoholische Getränke (jedes davon vergleichbar mit 125 ml Wein) konsumierten. Diese Getränke wurden über den ganzen Tag verteilt konsumiert, wodurch die nachteiligen Effekte, die normalerweise mit diesem Konsumlevel assoziiert werden, ausblieben. Im krassen Gegensatz dazu stehen die Männer mit der geringsten Lebenserwartung. Dies waren sesshafte Männer, die nur selten oder gar nicht tranken. Diese Personen lebten unglaubliche sechs Jahre kürzer als jene Personen, die eine ganze Flasche Wein täglich tranken.

Wein ist nicht gleich Wein

In puncto gesundheitlich positiver Wirkung ist Wein aber nicht gleich Wein, wie etwa Professor Roger Corder vom William-Harvey-Forschungsinstitut in seinen Untersuchungen herausfand. Interessant sind demnach jene Weine, die über einen besonders hohen Anteil von Procyanidinen verfügen. Gerade diese Pflanzeninhaltsstoffe tragen einen wichtigen Teil zur vaskularen Gesundheit und zu lang anhaltendem Wohlbefinden bei. Doch was sind Procyanidine nun genau? Wir blicken zur Erklärung einmal mehr in den Chemiebaukasten. Oligomere Proanthocyanidine, auch oligomere Procyanidine genannt (die Abkürzung OPC ist dafür sehr geläufig), sind Pflanzeninhaltsstoffe, die zur Gruppe der Flavonoide zählen.

Sie erinnern sich? Wir haben diese bereits kennengelernt: Die Flavonoide zählen zu der übergeordneten Gruppe der Polyphenole. Zu den Polyphenolen gehören auch das Resveratrol sowie das im Olivenöl zu findende Hydroxythyrosol. Man erkennt schlagartig, welche weit reichende Bedeutung diese Polyphenole haben. Zurück aber zu den oligomeren Procyanidinen. Diese üben eine herausragende antioxidative Wirkung aus und schützen vor freien Radikalen. Die OPC wurden 1948 zufällig entdeckt – im Häutchen einer Erdnuss. Der Biologiestudent Jack Masquelier war jener Finder, der diese Substanz für die Neuzeit greifbar machte. Die Urvölker wussten über die Gewinnung und Wirkung dieses Stoffes nämlich bereits Bescheid. Die folgende Geschichte zeugt davon.

Das alte Wissen der Indianer

Der Entdecker und Seefahrer Jacques Cartier (er gilt als Begründer des französischen Kolonialreiches in Nordamerika) wurde 1535 auf einer Expedition vom Wintereinbruch überrascht. Sein Schiff saß fest und viele seiner Männer fielen durch einseitige Ernährung dem Skorbut zum Opfer (leidet man an Skorbut, fallen die Zähne aus und man verblutet schließlich durch Zellverfall). Nur das Wissen einheimischer Indianer sorgte dafür, dass Cartier und seine Besatzung dem sicheren Tod entgingen. Die Indianer stellten aus OPC-haltiger Rinde und Nadeln eines Pinienbaumes ein Heilmittel her, das die erkrankte Besatzung rasch gesunden ließ.

Oligomere Proanthocyanidine sind auch in vielen anderen Pflanzen zu finden – vor allem jedoch in Traubenkernen, der Schale und dem Laub roter Trauben, in Kokosnüssen, Johannisbeeren, Holunder oder in Äpfeln. Sie sind in hoher Konzentration im Rotwein und deutlich weniger im Weißwein zu finden. Das aus dem Kern der Weintraube gewonnene OPC ist in seiner antioxidativen Wirkung sage und schreibe 18,4-mal stärker als Vitamin C sowie 50-mal stärker als Vitamin E. Es ist darüber hinaus ein toller Partner für Vitamine, da es deren Wirkung aktiviert und multipliziert. OPC wird innerhalb von Minuten aufgenommen und bleibt bis zu 72 Stunden aktiv. Die Wirkung auf den Körper ist begrüßenswert: Es gilt als Schutz gegen Herz-, Kreislauf- und Gefäßprobleme und wirkt gegen Allergien, Gelenkschmerzen und sogar Krebs. Wie das Vitamin C passiert das OPC die Blut-Hirn-Schranke und schützt die Gehirnzellen vor Oxidation, was wiederum sehr effektiv im Kampf gegen Krankheiten wie Parkinson, Alzheimer oder geistigen Verfall ist.

Die fünf Säulen des Anti-Agings

»Wichtig ist nicht, wie alt man ist, sondern wie man alt ist.«
Gerhard Kocher, Schweizer Gesundheitsökonom

»Bleibe jung – damit du alt werden kannst.«
Ida Ehre (1900–1989), deutsche Schauspielerin

Angesehene wissenschaftliche Studien geben uns Kenntnis darüber, dass das Altern nur zu 30% genetisch bedingt ist, wobei mehr gesundheitsförderndes genetisches Material von der mütterlichen Seite kommt. Beachtliche 70% sind großteils auf die Ernährung zurückzuführen. Gemäß dem Spruch »Richtige Ernährung ist nicht alles, aber ohne richtige Ernährung ist alles nichts« gibt es noch weitere Bereiche, die für das Anti-Aging relevant sind. Wir sprechen von den fünf Säulen, auf denen erfolgreiches, gesundes Altern ruht. Diese sind: Bewegung, Spiritualität, Umweltfaktoren, Hormone – und natürlich die Ernährung.

Die Bewegung

Regelmäßige Bewegung ist als Grundvoraussetzung für das gesunde Altern zu verstehen. Sport bringt den Körper auf eine ganz natürliche Art und Weise in Schwung. Er kurbelt die Produktion hormonähnlicher Stoffe an, die erzeugten Endorphine helfen uns wiederum, Stress abzubauen. Bereits nach 20 Minuten regelmäßiger, moderater Bewegung verdreifacht sich unser Wachstumshormonspiegel, und der Körper ist auch physiologisch gesehen deutlich jünger als bei Personen, die sich als Couch-Potatoes dem Sofa verschrieben haben.

Wie so oft kommt es aber auch hier auf die Dosis an. Wer übertrieben Sport betreibt, kann die positive Wirkung schnell ins Gegenteil kehren: Bei enormer körperlicher Belastung werden im Körper nämlich verstärkt freie Radikale gebildet. So ist auch das »ausgemergelte« Runzelbild vieler Marathonläufer zu erklären. Viel geschickter wäre es, anstatt extremem Krafttraining sanfte Muskelübungen zu betreiben und anstatt des Marathonlaufs moderat zu walken. Öffnen Sie den Alltag für die sanfte Bewegung. Spazierengehen etwa ist ideal für all jene, die schon lange keinen Sport mehr betrieben haben. Trainieren Sie mäßig, aber regelmäßig. So beschreiten Sie den Königsweg zu höherer Lebenserwartung und mehr Lebensqualität.

Die Spiritualität

Laut einer hochinteressanten Studie haben alle über 100-Jährigen zwei Dinge gemeinsam: Sie sind nicht korpulent und verfügen außerdem über ein hohes Maß an positiver Stressbewältigung. Zu dieser Stress- und Lebensbewältigung trägt Spiritualität im gro-

ßen Stil bei. Spirituelle Menschen wirken optisch jünger und entspannter, denn ein harmonisches Leben drückt sich auch in einer entspannten Haltung aus.

Es gibt verschiedene Wege, dieses innere Gleichgewicht zu finden. Für jeden Menschen stellen sich diese anders dar, ob über die Liebe, die Religion oder die Meditation. Es geht darum, den Zusammenhang zwischen Leib und Seele zu erkennen und ihn auch zu leben. Dabei ist es wichtig, die Lust und die Freude am Leben und seinen Genüssen nicht durch ein übermäßiges Kasteien zu verlieren. Auch ist es wichtig, Probleme als Chance zu verstehen und Stress so gut wie möglich im Zaum zu halten.

Die Umwelt

Wie rasch man altert, hängt auch von der Umgebung ab. Den Auswirkungen des Alltags kann man sich kaum entziehen. Wir haben es aber in der Hand, unseren Lebensstil so zu gestalten, dass wir Einflüsse wie Lärm, Luftverschmutzung und Stress wieder ausgleichen. Die wichtigsten Grundvoraussetzungen sind dabei ausreichender Schlaf, frische Luft und der Verzicht auf Nikotin.

Während Menschen auf dem Land hier einen natürlichen Vorteil haben, müssen gehetzte Großstädter bewusst nach grünen Oasen suchen. Zusätzlich besteht die Möglichkeit, das persönliche Umfeld mit Pflanzen zu gestalten.

Die Hormone

Jede Fettzelle zu viel, besonders jene am »Bierbauch«, bedeutet einen negativen Einfluss auf den Hormonhaushalt, denn das in der Fettzelle enthaltene Enzym Aromatase produziert aus Testosteron Östrogen. Je mehr Fettzellen wir bilden, desto höher ist somit der Östrogenanteil. Bei Frauen kann zu viel Östrogen im Gewebe die Entstehung von Krebs fördern, beim Mann kommt es zur Verweiblichung der Formen. Ergo ist ein funktionierender Hormonhaushalt das Wesentliche in Sachen Jugendlichkeit und Elan. Eine gesunde, ausgewogene Kost wirkt sich hierbei günstig aus. Bis heute sind übrigens mehr als zwei Dutzend verschiedene Hormonarten bekannt. Das Wachstumshormon, das man vortrefflich als Königshormon des Anti-Agings bezeichnen darf, wird in den ersten Tiefschlafphasen ausgeschüttet. Die Bezeichnung »Schönheitsschlaf« kommt somit nicht von ungefähr. Doch Vorsicht: Spätes Essen stört den Schönheitsschlaf, da ein voller Bauch die nächtliche Regeneration behindert, indem es sowohl das Wachstumshormon als auch das Schlafhormon, Melatonin genannt, reduziert.

Auch das Peptidhormon Insulin spielt eine große Rolle: Es ist das einzige Hormon, das den Blutzuckerspiegel senken kann. Das in der Bauchspeicheldrüse produzierte Insulin hat aber auch Einfluss auf den Aminosäure- und Fettstoffwechsel sowie den Kaliumhaushalt. Produziert der Körper zu wenig Insulin oder reagiert dieses nicht in der gewünschten Form auf den Anstieg des Blutzuckerspiegels, so liegt Diabetes mellitus, die Zuckerkrankheit, vor.

Von Bedeutung ist auch das ebenso in der Bauchspeicheldrüse produzierte Peptidhormon Glucagon: Es fungiert als Gegenspieler zum Insulin und zeichnet für die Erhöhung des Blutzuckerspiegels verantwortlich, ebenso wie Adrenalin, Kortison und die Schilddrüsenhormone.

Last but not least präsentieren sich auch die Eicosanoide als nennenswert: Hier handelt es sich um eine Gruppe von hormonähnlichen Substanzen, die als Neurotransmitter (überbringen Informationen von einer Nervenzelle zur anderen) und Immunmodulatoren (Substanzgruppen, die das komplizierte Immunsystem regeln) fungieren. Sie können von jeder Zelle produziert werden und haben eine Signalfunktion für den Körper – speziell, wenn es um Entzündungen geht.

Die Ernährung

Falsche Ernährung wie etwa der Konsum von schlechten Fetten (Stichwort Transfette) oder schlechten Kohlenhydraten (kurze Zucker, die zu schnell ins Blut übergehen) fördert verstärkt Herz-Kreislauf-Erkrankungen, Krebs und Alzheimer. Nicht ohne Grund gelten die traditionelle mediterrane Küche (und ihre Getränke: Wasser und Wein) und die traditionelle japanische Küche als die Anti-Aging-Küchen schlechthin. Hierbei muss angemerkt werden, dass auch die Tradition der Japaner, viel grünen Tee zu trinken und das Essen langsam aufzunehmen, eine stark positive Wirkung auf den Organismus hat. Der BMI (Body-Mass-Index) dieses Volkes sollte uns Vorbild sein. Die Grundsteine für die großen Belastungen des Alters werden also durch falsches Essen zu einem großen Teil von uns selbst gelegt. Der große Hippokrates hat dies mit einem Ausspruch treffend beschrieben: »Warum jammerst du, dass du krank bist? Du hast es doch selber in der Hand, wie gesund oder krank du bist.« Dieses Wissen um die schädliche Wirkung einerseits und die große Kraft andererseits, welche der Nahrung innewohnt, müssen wir dringend verinnerlichen, um unser Leben möglichst lange zu erhalten. Wussten Sie etwa, dass bereits zwei Walnüsse am Tag genügen, um das Herzinfarkt- bzw. Schlaganfallrisiko um die Hälfte zu senken? Es ist ein schier unglaubliches Potenzial, das uns die Natur zur Verfügung stellt – wir müssen es nur nutzen.

Wir werden uns in diesem Buch noch mehrmals mit der richtigen Ernährung beschäftigen, doch sei Ihnen bereits hier die Kurzformel des Anti-Agings mit auf den Weg gegeben: Konsumieren Sie das richtige Fleisch (magere Putenbrust und Geflügelschinken statt Wurstprodukten und fettem Fleisch), frischen Fisch (wie Lachs, Makrele, Hering, Tunfisch, Sardine und Sardelle), die richtigen Öle (Raps-, Hanf- und Olivenöl statt Palm-, Sonnenblumen und Maiskeimöl), die richtigen Fette (Omega-3-Fettsäuren – »Engelsfette« –, enthalten in Fischen, Nüssen, Leinsamen, Wildfleisch, Milch und Sojaprodukten) und die guten Kohlenhydrate (Vollkornbrot, Vollkornnudeln, Wild-, Basmati- oder Vollkornreis, Blattsalate, Gemüse, Obst, Schokolade mit über 70% Kakaoanteil u. v. m. statt Mehlspeisen, gezuckerten Getränken, Schokoriegeln, Vollmilchschokolade, Kartoffelchips, Bier, Weißbrot u. v. m). Vermeiden Sie jeglichen raffinierten Haushaltszucker (und setzen Sie sich stattdessen mit dem Ersatzprodukt Stevia auseinander).

Tipp: Im Buch »Die Kosmetik-Revolution« von den Autoren dieses Buches, erschienen im Ueberreuter Verlag, finden Sie eine vollständige Übersicht über »gute« und »schlechte« Lebensmittel. Und ganz wichtig: Setzen Sie auf die faszinierenden Kräfte sekundärer Pflanzeninhaltsstoffe (die »neuen Vitamine«) mit ihrer antioxidativen und antiinflammatorischen Wirkung. Diesen Pflanzeninhaltsstoffen sei im folgenden Kapitel höchstes Augenmerk geschenkt.

Was im Wein enthalten ist

*»Der Wein ist kein Nahrungsmittel – er ist es auch –,
aber er ist in erster Linie ein Gefährte,
mit dem man lebt, mit dem man sich
tröstet, mit dem man Freunde hat.
Er ist eine Persönlichkeit.«*

Luigi Veronelli, Weinkritiker

Im Großen und Ganzen besteht Wein aus etwa 80 % Wasser und 20 % Inhaltsstoffen. Sachlich könnte man Wein als »auf natürliche Weise vergorenen Saft frischer Trauben« beschreiben. Chemisch betrachtet handelt es sich um Ethanol in wässriger Lösung mit Bestandteilen an Säuren, Laktaten, aber auch mäßig Zucker und anderen in den Trauben enthaltenen oder durch die Gärung entstandene Substanzen. Es gibt mehr als 1000 Stoffe, die darin vorkommen können und deren Existenz von verschiedenen Faktoren wie Traubensorte, Reifegrad, Klima, Lage oder Stressbedingungen abhängig ist. Nachstehend ein kleiner Überblick über die wesentlichen Inhaltsstoffe im Wein.

Die wesentlichen Inhaltsstoffe des Weines

Polyphenole

Die Polyphenole gehören zu den wahren Powerpaketen in den Trauben. Die Polyphenole finden sich in der Schale der Weintrauben. Diese sekundären Pflanzeninhaltsstoffe prägen Geruch, Geschmack und Farbe der Frucht. Sie werden immer wieder für die antibakterielle und gefäßschützende Wirkung des Weines verantwortlich gemacht; sie sind sozusagen das Immunsystem der Traube und entstehen als Reaktion auf Stress. Der Phenolgehalt ist in jüngeren Weinen höher als in älteren, wie an der renommierten Weinbauschule Klosterneuburg herausgefunden wurde. Dies ist ein Vorteil für den österreichischen Rebensaft, denn hierzulande wird der Wein gerne jung getrunken. Das bekannteste Polyphenol ist das Resveratrol – es ist jener magische Stoff, der das Leben tatsächlich verlängern kann.

Wie wichtig Polyphenole für uns sind, belegt eine aktuelle Studie, die von israelischen Wissenschaftlern durchgeführt wurde: Konsumiert man Lebensmittel, die Polyphenole enthalten (neben Wein auch Früchte und Gemüse), zu fetthaltiger Nahrung, werden die schädlichen Gesundheitseffekte des darin enthaltenen Fettes eliminiert.

Resveratrol

Resveratrol ist zweifelsohne die hochkarätigste Anti-Aging Substanz, die wir kennen. Es ist zum einen antioxidativ und zum anderen antiinflammatorisch. Aber damit nicht genug, Resveratrol wirkt tatsächlich, als einzige uns bekannte Substanz, lebensverlängernd, indem es dem Körper eine Kalorienrestriktion vortäuscht und den Zellen eine Art regenerierenden »Winterschlaf« schenkt, bei dem die Reparatursysteme Zeit bekommen, die in den Zellen entstandenen Schäden in aller Ruhe zu beheben und damit eine mögliche Krebskrankheit zu verhindern.

Tannine (Gerbstoffe)

In der Schale, den Stielen und den Kernen der Traube befinden sich Tannine. Diese sorgen für einen bitteren Geschmack im Mund. Tannine sind wesentlich für den Geschmack und die Textur eines Weines mitverantwortlich. Gerbstoffe wirken auch konservierend – Weine mit einem hohen Tanninanteil halten oft viele Jahre. Tanninhaltige Weine vermindern darüber hinaus das Verlangen nach süßen Lebensmitteln – ein Umstand, der sich ebenfalls positiv auf die Gesundheit auswirkt. Weißwein enthält im Übrigen fast kein Tannin. Die Tannine gehören zur Gruppe der Phenole; darunter versteht man komplexe organische Verbindungen, die nichtalkoholische Bestandteile umfassen. Die Vernetzung der Phenole entspricht den medizinisch so wichtigen Polyphenolen.

Alkohol

Ethanol ist eine Form von Alkohol; pharmakologisch betrachtet handelt es sich dabei um ein Beruhigungsmittel. Denkt man an die anregende Wirkung des Weines, klingt dies seltsam, es entspricht aber den Tatsachen: Ethanol wirkt beruhigend, schmerzhemmend sowie krampf- und spannungslösend auf das zentrale Nervensystem.

Ethanol findet sich naturgemäß auch in anderen alkoholischen Getränken wieder, doch interessant für uns ist sein Bestandteil im Wein, denn die Wirkung wird von anderen Wirkstoffen wesentlich beeinflusst. Dieses Faktum macht den Unterschied zwischen Wein und Bier oder Spirituosen aus. Ethanol bindet die Weinaromen, wirkt mildernd auf die Säuren und intensiviert darüber hinaus den Geschmack. Der Alkohol sorgt für viele positive (!) Auswirkungen auf den Körper; diese werden in der Folge aber selbstverständlich noch ausführlich behandelt, damit es hier zu keinen Missverständnissen kommt.

Säure und Zucker

Im Saft der Traube sind Säure und Zucker enthalten. Der Zucker verwandelt sich bei der Gärung in Alkohol, ein Teil davon bleibt als Restzucker zurück. Bei einer geringen Menge an Restzucker handelt es sich um einen trockenen Wein, der aus medizinischer Sicht bevorzugt werden sollte. Eine große Menge sorgt für einen süßen Tropfen. Säure ist Bestandteil aller Früchte und vonnöten, damit der Wein frisch und geschmacksintensiv wird.

Vitamine und Mineralstoffe

Im Wein finden sich eine Reihe von Vitaminen (Vitamin A, C, D und E), deren Gehalt aber maximal dazu beiträgt, die Vitaminbilanz des Menschen zu verbessern. Den täglichen Bedarf kann man mit Wein nicht decken. Interessanter sind schon die in diesem enthaltenen Mineralien und Spurenelemente. So finden sich im Wein etwa Kalium, Magnesium,

EIN GESUNDER MIX

Heute wissen wir, dass der besondere Substanzmix im Wein förderlich für unsere Gesundheit ist. Doch auch vor Tausenden von Jahren war man sich der Ausnahmestellung des Rebensaftes schon bewusst.

Mangan oder Kupfer. Weinstöcke, die auf sehr mineralhaltigen Böden gedeihen, sind in puncto Mineralgehalt besonders interessant. Die daraus entstehenden Weine sind höchst gehaltvoll.

Stickstoffverbindungen

Stickstoff ist ein Element, das in einem großen Teil der pflanzlichen Substanzen enthalten ist. Er fördert beispielsweise das Holzwachstum, aber auch die Bildung von Reservestoffen. Die Reben müssen ausreichend mit Stickstoff versorgt werden, damit diese gut wachsen und viel Zucker bilden, was sich wiederum positiv auf das Mostgewicht im Beerensaft auswirkt. Von den verschiedenen Stickstoffverbindungen, die im Wein bestehen, ist in erster Linie Histamin relevant, das bei empfindlichen Personen zu Symptomen wie Kopfschmerzen, Magen- und Darmbeschwerden, Asthma und anderen Problemen führen kann. In solchen Fällen empfiehlt sich eher der Konsum von jungem Weißwein – hier ist der Histamingehalt sehr niedrig.

Die gesündesten Weintrauben

Die Tannattraube

Die Tannattraube verfügt von allen Rebsorten über den höchsten Polyphenolgehalt und – wie man aus ihrem Namen erkennen kann – über einen sehr hohen Anteil an Tanninen, die wiederum für die kräftige Farbe verantwortlich zeichnen. Der Tannat, jener Wein, der aus Tannattraube gewonnen wird, gilt laut der hochkarätigen Wissenschaftszeitschrift Nature daher als der gesündeste Wein überhaupt, da logischerweise dessen Polyphenolgehalt am höchsten ist. Dr. Roger Corder hat dies in Forschungsergebnissen belegt. Aufgrund des hohen natürlichen Gehalts, kombiniert mit der restlosen Extraktion in den beiden kleinen Anbaugebieten in Frankreich und Sardinien, enthält der Tannat in etwa viermal so viele Polyphenole wie alle anderen Rotweine, die getestet wurden. Als besonders wirksamer Bestandteil wurde bei dieser Untersuchung Procyanidin herausgehoben. Vorraussetzung dafür ist allerdings eine drei- bis vierwöchige Gärung, die gewährleistet, dass das Maximum an Polyphenolen aus Schalen und Kernen extrahiert wird.

Das Hauptanbaugebiet in Europa liegt mit rund 3000 Hektar im französischen Süd-Westen. Auf dem amerikanischen Kontinent wird die Traube vor allem in Uruguay angebaut (etwa 2000 Hektar). Das Ursprungsgebiet der Tannattraube liegt vermutlich in den Pyrenäen.

Sauvignon und Co.

Auch die Isabella-, die Sauvignon- und Zweigelttrauben gelten als besonders gesundheitsfördernd, da ihr Gehalt an wertvollen Substanzen überaus hoch ist. Dabei werden wir selbst an dieser Stelle nicht müde zu erwähnen, dass diese Aussage nur für den moderaten Genuss der daraus gewonnenen Weine gilt. Grundsätzlich lässt sich festhalten, dass jene Weine von guter Qualität sind, an deren Genuss man sich am nächsten Morgen nicht mehr erinnert. So wie die Geschmäcker unterschiedlich sind, so gestaltet sich oft auch die Verträglichkeit des Weines.

Kleine Beeren ganz groß

Kleinbeerige Sorten haben übrigens einen entschiedenen Vorteil gegenüber ihren großbeerigen Kollegen: In Summe verfügen sie über eine größere Oberfläche und somit über mehr Extrakt, denn das Gesunde liegt ja bekanntlich in der Schale.

Was macht den Rotwein so besonders?

»Der Wein kann mit Recht als das gesündeste und hygienischste Getränk bezeichnet werden.«

Louis Pasteur, französischer Wissenschaftler

Generell betrachtet darf man festhalten, dass der Wein allen anderen alkoholischen Getränken meilenweit überlegen ist. Doch warum ist eigentlich Rotwein noch gesünder als Weißwein? Dies ist in erster Linie in dem enorm hohen Gehalt an Polyphenolen, deren wichtigstes das Resveratrol ist, begründet. Pro Gramm Eigengewicht enthalten Weintrauben 50 bis 100 Mikrogramm Resveratrol. Obwohl dieser Stoff sowohl in der Schale von weißen als auch von roten Trauben vorkommt, weist Rotwein einen viel höheren Resveratrolgehalt auf als Weißwein. Der Grund dafür liegt in der Verarbeitung des Rotweins.

Wie Wein erzeugt wird

Weinfachmann Ernest Grossauer, Kellermeister des Qualitätsweinbetriebes Lenz Moser, gab uns bereitwillig über die Erzeugung von Wein Auskunft. Grundsätzlich unterscheidet man zwei Arten der Herstellung: das Erhitzen und die Vergärung auf der Maische (unter Einmaischung versteht man das Zerteilen und Mischen der festen und flüssigen Traubenbestandteile; dabei werden die Traubenhäute aufgebrochen).

Bei der Erhitzung passiert im Grunde genommen nichts anderes, als dass die Farbe extrahiert wird. Beim Erhitzen auf 55 °C (in D sogar 85 °C) wird die Zellstruktur der Rotweinbeere zerstört. Der rote Farbstoff kann austreten und innerhalb von sechs bis zwölf Stunden hat man die Farbe herausgezogen. Zu diesem Zeitpunkt hat man aber noch keinen Alkohol gewonnen. Man ist hier noch in der wässrigen Phase und hat weder Gerbstoff noch Mineralien herausgelöst. Das Resultat ist ein junger und weicher Wein ohne großen Körper. Diese Art von Wein ist das Ergebnis eines Trends, der schon vor Jahrzehnten aufkam. Die medizinischen Forschungen im Bereich gesundheitlicher Nutzen des Weines brachten in den letzten Jahren einen weltweiten Verkaufsschub – vor allem bei Rotwein. Sogar Länder, die über keine besondere Weintradition verfügen – China beispielsweise –, sind diesem Trend gefolgt. Somit gibt es eine große Anzahl »neuer« Weintrinker, deren Geschmäcker und Gepflogenheiten sich von jenen in den etablierten Weinregionen unterscheiden. Diese Gruppe bevorzugt eher einen fruchtvollen und lieblichen Wein statt eines schweren Rotweins. Solche Weine haben allerdings weniger Gerbstoffe und natürlich auch einen geringen Anteil an den speziellen Stoffen, die uns so faszinieren.

Maische statt Hitze

Die Methode der Erhitzung wird jedoch zusehends zurückgedrängt. Die »alte« Methode der Vergärung auf der Maische hingegen erlebte in den letzten Jahren wieder einen starken Aufschwung. Dabei liegen die Trauben tage-, ja wochenlang auf der Maische. Beim Zweigelt dauert der Prozess etwa acht Tage, beim Cabernet bis zu drei Wochen. Nach einer Woche bildet sich durch die Gärung Alkohol, der das Lösungsvermögen verstärkt. Der Anteil an gewonnen Substanzen erhöht sich bei einer langen Vergärungsdauer gravierend. Im klassisch »maischevergorenen« Wein ist also ein viel wertvollerer Anti-Aging-Cocktail enthalten als in jenen Weinen, die durch Erhitzung hergestellt wurden. Eine zusätzliche Steigerung lässt sich durch die Barrique-Lagerung erzielen (ein Barrique ist ein Holzfass mit 225 Litern Volumen). Hier lösen sich aus dem Holz der Fässer zusätzliche Gerbstoffe heraus. Barrique-Weine sind somit besonders empfehlenswert. Die wertvollsten Weine sind also jene hochkonzentrierten Weine, bei denen sowohl das Resveratrol als auch die Gerbstoffe bewusst in eine Richtung getrieben wurden.

Rot bedeutet mehr Mineralien

Warum ist nun beim Rotwein ein größerer Mineraliengehalt zu finden als beim Weißwein? Dies liegt in der Besonderheit jener Beeren, die für den Weißwein infrage kommen, sowie deren Verarbeitung begründet. Beim Weißwein wird die Beerenschale in drei bis sechs Stunden vom Saft getrennt. In dieser verhältnismäßig kurzen Zeit können die in der Schale eingelagerten Mineralstoffe aber nicht aus der Schale gelöst werden. Der Rotwein hingegen liegt mindestens eine Woche auf der Maische. So werden die enthaltenen Substanzen wunderbar extrahiert.

Anti-Aging-Weine lieben Stress

Es ist ein Irrglaube, dass jeder Wein – im Speziellen Rotwein – dieselbe gesundheitsfördernde beziehungsweise -erhaltende Wirkung zeigt. Im Gegenteil: Es gibt große Unterschiede zwischen den Weinen. Neben der Art der Herstellung spielen auch die verschiedenen Anbaugebiete und ihre individuelle Beschaffenheit eine große Rolle. Sie entscheiden ganz wesentlich, wie groß die Wertigkeit des Rebensaftes im Sinne des Anti-Agings ist, sprich, welche Inhaltsstoffe enthalten sind. Interessant ist der Umstand, dass nicht jener Wein am gesundheitlich bedeutendsten ist, der unter vermeintlich »perfekten« Bedingungen entsteht, sondern dass sowohl die geografische Lage als auch der klimabedingte Stress attraktive Weine hervorbringen (dies heißt aber zwangsläufig noch nicht, dass ein »gesunder« Tropfen auch gleichzeitig der wohlschmeckendste Tropfen ist).

Wie darf man sich diesen Stress in Bezug auf Weine vorstellen? Sobald eine Beere beziehungsweise der Weinstock »gestresst« wird – sei es durch ein raues Klima, intensive Temperaturschwankungen, starke UV-Einstrahlung oder karge und steinige Böden –, wird eine natürliche Schutzfunktion ausgelöst, die in der Gerbstoffeinlagerung ihren Ausdruck findet. Die österreichischen Weinbaugebiete sind mitunter sehr starkem Stress ausgesetzt, wodurch wir uns glücklich schätzen dürfen, über hervorragende Weine mit hohem Resveratrolgehalt zu verfügen. Die Gerbstoffe interessieren uns aus Anti-Aging-Gesichtspunkten besonders. Rotwein enthält viermal so viel Gerbstoff wie Weißwein, da bei der Gärung die Zellstruktur der Trauben geöffnet wird und die Stoffe ausgesaugt werden: Das ist eines seiner Gesundheitsgeheimnisse.

Das Französische Paradoxon

»Ein echter deutscher Mann mag keinen Franzen leiden, doch ihre Weine trinkt er gern.«

Johann Wolfgang von Goethe, deutscher Dichter

Interessante Nachrichten wurden jüngst aus Frankreich vermeldet. Dort beträgt der Anteil an Todesfällen aufgrund von Herzerkrankungen erstmals weniger als 50 % der Gesamttodesfälle. Das heißt auch, dass Herz-Kreislauf-Erkrankungen nicht mehr die Todesursache Nummer eins darstellen (von den Krebserkrankungen abgelöst). Aber warum erreicht uns diese Botschaft ausgerechnet aus Frankreich, einem Land, das für seinen genussvollen und keinesfalls asketischen Lebensstil bekannt ist? Um dies zu verstehen, müssen wir einen kurzen Blick in die Vergangenheit werfen.

Ein Paradoxon wird entdeckt

Eine der wichtigsten Erkenntnisse, die mit der Anti-Aging-Wirkung des Weines zusammenhängen, verdanken wir dem französischem Arzt Serge C. Renaud. Der Wissenschaftler beschäftigt sich seit Jahrzehnten mit der Kraft des Weines und setzt sich vehement für diesen Cocktail an gesundheitsfördernden Substanzen ein. Im März des Jahres 2005 wurde mit der Renaud Society (www.renaudsociety.com) sogar eine Gesellschaft gegründet, die sich der passionierten Forschung rund um den Wein widmen und das Lebenswerk Renauds fortführen soll. Berühmt wurde Renaud durch die zufällige Entdeckung eines Phänomens, das als »French Paradoxon« in die Geschichte eingegangen ist.

1951 reiste Renaud nach Kanada, um dort seine medizinische Ausbildung fortzusetzen. Bereits nach kurzer Zeit wurde der Franzose mit einem seltsamen Phänomen konfrontiert: Unter den jungen Hockey-Spielern seiner Universität, aber gerade auch in der Gesamtheit der Bevölkerung war der Prozentsatz an Herzinfarkten relativ hoch. Die Ursache konnte nicht genetischer Natur sein, da die Einwohner Quebecs die gleichen genetischen Charakteristika aufweisen wie die Franzosen. Renaud schloss daraus, dass ein Umweltfaktor dafür verantwortlich sein müsste. In der Folge beobachtete der angehende Mediziner die Essgewohnheiten der Kanadier, insbesondere den hohen Konsum von gesättigten Fetten, den geringen Genuss von Früchten und auch das Fehlen von Wein, verglichen mit der Bordeaux-Region, aus der Renaud stammte. Sein Interesse war geweckt: Von nun an wollte sich Renaud dem Zusammenhang zwischen Ernährung und Herzerkrankungen widmen. Seine Forschungen führten ihn zur Definition eines Umstandes, den er als »Französisches Paradoxon« in die wissenschaftliche Diskussion einführte.

Die Logik des Widerspruchs

Dieses »French Paradoxon« besagte im Wesentlichen, dass Frankreich eine geringere Sterberate infolge von Herzgefäßerkrankungen habe als der Großteil der restlichen industrialisierten Welt – unter Beachtung einer Reihe von Risikofaktoren, wie sie auch in England oder den USA zu finden waren (Cholesterin, hoher Blutdruck, Rauchen, Konsum gesättigter Fette). Renaud vermutete, dass der Grund für die gesundheitlichen Vorteile im moderaten Konsum von Wein liege. Er entwickelte eine generelle Hypothese, die besagte, dass der Konsum moderater Mengen von Wein zu den Mahlzeiten einen positiven Effekt auf die Gesundheit haben könnte. Diese Hypothese wurde in den folgenden Jahren anhand verschiedener Untersuchungen verifiziert. Bedeutend war hier etwa die Framingham-Studie, die ergab, dass Alkohol nicht, wie allgemein angenommen, einen schädigenden Einfluss auf Herzgefäßerkrankungen habe, sondern vielmehr eine schützende Wirkung. (Diese Informationen wurden jahrelang geheim gehalten, für Renaud allerdings erklärte sich dadurch zumindest teilweise die geringe Sterberate durch Herzerkrankungen der Franzosen.)

Als Serge Renaud 1991 sein »French Paradoxon« in der populären US-TV-Doku-Show »60 Minutes« vorstellen durfte, brach ein gigantischer Rummel los. Über Nacht stieg der Umsatz an Rotwein in Amerika um 40 %. Unzählige Medien rissen sich um Interviews mit Renaud. Es lag in der Natur der Sache, dass das ursprüngliche Prinzip mitunter arg verzerrt wiedergegeben wurde und so zu Missverständnissen führte. Für die Amerikaner war das »Französische Paradoxon« ohnehin schwierig zu verkraften, wie der folgende Abschnitt verdeutlichen wird.

Das ambivalente Verhältnis der US-Amerikaner zu Sinnlichkeit und Lust

Man macht sich wohl keineswegs der Verleumdung schuldig, wenn man den US-Amerikanern ein ambivalentes Verhältnis zu Sinnlichkeit und Lust unterstellt. Kein anderes Land der Welt scheint so stark mit seiner Doppelmoral zu kämpfen wie die USA. Beispiele dafür gibt es viele – das »French Paradoxon« ist eines dafür. Als nämlich Dr. Serge Renaud seine These im amerikanischen Fernsehen vorstellte, kam die amerikanische Regierung auf ihn zu und bat ihn, seine Ausführungen zu begründen. Dies geschah in einem aus-

führlichen Artikel, welcher jedoch unbeantwortet blieb. Dafür erfolgte eine Anfrage beim französischen Außenminister, ob es sich beim Wissenschaftler Renaud um eine kriminelle Figur handeln könnte, da er den Rotwein so dringlich empfohlen hatte. Zwei Jahre später jedoch schlug der amerikanische Gesundheitsminister den moderaten Konsum von Alkohol als nützlichen Beitrag zur Gesundheit vor.

Den doppelbödigen Zugang zum Thema Genussmittel verdeutlicht auch der Umstand, dass etwa Präsident Jefferson selbst Weinanbau betrieb und als wahrer Botschafter des Weines mit missionarischem Eifer auftrat, was ihm jedoch gründlich misslang. Mit später Erkenntnis war seinen Bemühungen doch noch ein Triumph beschieden, schließlich geht der internationale Erfolg kalifornischer Weine Ende des 20. Jahrhunderts auf Jefferson zurück.

Amerika – (k)ein Genussland

Höhepunkt der Bemühungen in Amerika, den Genuss einzuschränken, war die Prohibition, welche 1893 im Bundesstaat Maine eingeführt wurde und erst 1933 während der Amtszeit von Präsident Roosevelt abgeschafft wurde. Während der Prohibition ging der Alkoholkonsum zwangsläufig stark zurück. Problematisch waren vor allem die negativen Folgen der Prohibition. So führte die Rodung von Weinbergen dazu, dass der Weinbau jahrzehntelang daniederlag. Ein weiterer, viel wesentlicherer Punkt liegt aber darin, dass das Trinkverhalten durch die Prohibition in eine falsche Richtung gedrängt wurde. Starke Spirituosen und Cocktails, die der Gesundheit großteils abträglich sind, entwickelten sich während des Verbots zum Renner am Schwarzmarkt und blieben auch nach Ende der Prohibition aus Gewohnheit beliebter als etwa Bier oder der so wertvolle Wein. Mit der Entdeckung des »French Paradoxons« rückte der Wein wieder stärker in den Fokus der Bevölkerung.

Ein Paradoxon, das keines ist?

Der Grundgedanke des »French Paradoxons« lud per se zu ausführlichen Forschungen und Diskussionen ein. So argumentierten etwa verschiedene Wissenschaftler, dass das »French Paradoxon« gar kein Paradoxon sei, da es laut Statistiken der WHO keinen Zusammenhang zwischen verdächtigen Nahrungsmitteln wie Eiern, Butter, Schmalz und Fleisch und einem erhöhten Sicherheitsrisiko gebe. Die Verknüpfung tierische Fette – gesättigte Fettsäuren – hoher Cholesterinspiegel – hohe Herzinfarktrate sei ein uraltes

Dogma, an dem kaum jemand zu rütteln wage, das aber längst überholt sei. Die Argumentation wurde damit begründet, dass tierisches Fett nicht generell überwiegend gesättigte Fettsäuren enthalte und dass nur gewisse Fettsäuren das Cholesterin erhöhten – und zwar nicht nur das »böse« LDL, sondern auch das gute HDL-Cholesterin. Außerdem sei in den Studien der Cholesterinspiegel zwischen Franzosen und Amerikanern annähernd gleich hoch gewesen.

Doch was machte dann den Unterschied aus? Es war eine Reihe von Ernährungsfaktoren, die bei den Franzosen und darüber hinaus auch bei anderen Mittelmeeranrainern zum Tragen kamen: traditionelle Küche, naturreines Fett, knackige Salate, frisches Obst und – natürlich der moderate Weinkonsum. Diese Art von Kost wird gemeinhin auch als mediterrane Ernährung bezeichnet, womit wir dem Anti-Aging-Geheimnis einen weiteren Schritt näher kommen.

Vom Französischen Paradoxon zum kretischen Wunder

»The mediterranean diet and the japanese diet are the ideal anti aging diets.«

Nature, amerikanisches Wissenschaftsmagazin

Schon in den 50er-Jahren des letzten Jahrhunderts sah sich die Forschung mit einer hochinteressanten These konfrontiert, die wir heute freilich als gegeben kennen: Damals mutmaßte man, dass manche Erkrankungen möglicherweise in einem Zusammenhang mit der Ernährung stehen. Diese These führte zu einer Vielzahl von Studien, denen wir heute unschätzbare Informationen verdanken. Der amerikanische Arzt Ancel Keys begann 1956 eine Untersuchung, mit der er belegte, dass Essen und Trinken sowohl bei der Vorbeugung von Krankheiten als auch bei der Gesundheit generell eine bedeutende Rolle spielen. Zu diesem Zweck wurden 12763 Männer im Alter von 40–59 Jahren aus sieben Ländern (Italien, ehemaliges Jugoslawien, Japan, Finnland, USA, Holland, Griechenland) herangezogen. Die Testpersonen stammten aus verschiedenen Kulturen, Bildungsniveaus und wiesen differenzierte Ernährungsgewohnheiten auf.

Das Resultat der Studie war höchst spannend: Es stellte sich heraus, dass die Bewohner der Mittelmeerländer eine deutlich bessere Gesundheit hatten als die Menschen im Norden. Insbesondere bei den Bewohnern von Kreta war die Häufigkeit von Herz- und Gefäßerkrankungen sowie Krebsgeschwüren im Vergleich zu anderen Ländern signifikant geringer. Blieb nur mehr die Frage, warum dies so war.

Das kretische Wunder

Unter einem Wunder versteht man gemeinhin ein Ereignis oder eine Situation, für die man keine Erklärung hat. Zumindest muss es sich schon um etwas sehr Außergewöhnliches handeln, wenn uns dieses Wort entfährt. Wenn wir vom kretischen Wunder sprechen, haben wir es mit einem besonderen Phänomen zu tun, für das man anfangs keine Erklärung hatte. Doch selbst mit den Fakten, die heute auf dem Tisch liegen, ist dieses Phänomen erstaunlich genug.

Der international anerkannte Herzspezialist Dr. Serge Renaud konnte in einer Studie identifizieren, worin die Besonderheit der langen Lebenszeit der Kreter liegt. Das Geheimnis ist weder in den guten Genen noch in der täglichen Siesta begründet. Es liegt an der Art ihrer Ernährung. Dabei geht es aber nicht um einzelne Komponenten wie etwa das Olivenöl (dieses ist wichtig, aber nicht der Schlüsselfaktor). Die Ess- und Trinkgewohnheiten der kretischen Bevölkerung, die sich bis zu 25 Jahrhunderte zurückverfolgen lassen, sind für das geringe Niveau von Herzgefäßerkrankungen verantwortlich. Dabei bildet bereits wild wachsendes Gras den ersten Schritt der traditionellen Lebensmittelkette. Es reichert Fleisch und Nebenprodukte mit essenziellen Fettsäuren an. Diese Produkte in Kombination mit Gemüse, Obst, Olivenöl und Rotwein sorgen für die gute Kon-

WARUM KRETISCHES WUNDER?

Die Bezeichnung »kretisches Wunder« benennt jenes bemerkenswerte Phänomen, das die lange Lebensdauer der Kreter erklärt. Der Grund liegt in der Nahrungsaufnahme, die schlicht und einfach »Mediterranernährung« genannt werden kann. Wie der Begriff »kretisches Wunder« schon sagt, sind damit die positiven gesundheitlichen Folgen der Ernährung der Griechen auf der Insel Kreta gemeint.

stitution der Bewohner, die sich über hervorragende Körperwerte freuen dürfen. Dr. Renaud vertritt daher wohl zu Recht die Meinung, dass der Gesundheitszustand der Europäer viel besser wäre, würden sie sich wie die Griechen ernähren. Die griechische Speisekarte sei also ein Vorbild für die internationale Gastronomie.

Professor Renaud testete das traditionelle kretische Ernährungsmodell in verschiedenen Untersuchungen und konnte dabei beeindruckende Ergebnisse erzielen. So zeigte ein Vergleich zwischen der Ernährungsweise Kretas und einem westlichen Ernährungsmodell mit wenig Fett, dass die Testpersonen (allesamt Herzpatienten), die sich kretisch ernährten, eine geringere Sterblichkeitsrate hatten. Ein guter Grund dafür dürfte auch die Linolsäure sein. Diese findet sich in der kretischen Ernährung vor allem in Gemüse und Walnüssen und könnte hierzulande auch durch die Verwendung von Rapsöl in der kalten Küche einen Beitrag zur Vorbeugung von Herz-Kreislauf-Erkrankungen leisten.

Die internationale wissenschaftliche Gemeinschaft erkor den Begriff »Mediterranernährung« zu dem am besten geeigneten und führte die kretische Diät als vortreffliches Beispiel dafür an. Die kretische Ernährung dürfte tatsächlich ein Garant dafür sein, ein langes Leben bei bester Gesundheit genießen zu können.

Essen und Trinken wie auf Kreta

Die herausragende Kost der Mittelmeervölker ist vielen Menschen leider nur durch und während ihres Urlaubs bekannt. Schade, denn hier wird echtes Potenzial verschmäht, um Leben und Gesundheit nachhaltig zu verbessern. Gute Öle, Gemüse, Obst, Fisch und Rotwein – diese traditionelle naturnahe Kost ist der optimale Treibstoff, um den Lebensmotor einwandfrei laufen zu lassen. Nicht umsonst empfehlen Ärzte immer öfter diese Art der Ernährung.

Rotwein und qualitative Fette

Aktuelle Forschungsergebnisse belegen überdies, dass der moderate Genuss von Rotwein für gute Ergebnisse bei der Fettmessung verantwortlich ist. Doch nicht nur dies, sondern auch die Qualität der Fette, die man zu sich nimmt, ist entscheidend. So ist besagte Qualität auf Kreta in einem sehr hohen Maße vorhanden, ein Umstand, der die Bedeutung der kretischen Diät nachhaltig untermauert. Moderater Weinkonsum, die richtigen Fette und Öle sowie Pflanzeninhaltsstoffe wie Lycopin, das hauptsächlich über die reichlich verwendeten Tomaten aufgenommen wird, sind das Geheimnis der traditionellen mediterranen Kost.

Auch der Lebensstil ist wichtig

Wissenschaftler wie Ancel Keys haben erkannt, dass durch die mediterrane Kost auf Kreta viel weniger Herzinfarkte auftreten als in anderen Ländern, etwa in den USA. Man darf aber wohl davon ausgehen, dass nicht nur die Ernährung eine große Rolle spielt, sondern auch die Lebensphilosophie der Mittelmeervölker: Entschleunigung statt Beschleunigung, Lebensgenuss statt Lebensverdruss, Leben im natürlichen Rhythmus statt übertriebene Leistungsorientierung. Dinge, die im Anti-Aging ebenfalls eine Rolle spielen.

Prof. Serge Renaud vom National Institute of Health and Medical Research führte intensive Studien bei Bauern auf Kreta durch und wies nach, dass die hier beheimatete Kost mitsamt ihren Fasttagen und der natürlichen Bewegung entscheidende Vorteile bringt.

Die Komponenten des kretischen Wunders

Wer in seiner Ernährung die »kretischen Komponenten« bedenkt, schlägt sprichwörtlich sieben Fliegen mit einer Klappe. Die Stars des Anti-Agings sind hier auf herrliche Art und Weise versammelt – und fehlen darf natürlich auch der von uns geschätzte, lebensverlängernde Wein nicht. Und: die unten angeführten Nahrungsmittel zeichnen sich nicht nur durch ihre gesundheitsförderne Wirkung aus, sie schmecken nebenbei auch noch außerordentlich köstlich!

WELCHE KOMPONENTEN STEHEN FÜR DAS KRETISCHE WUNDER?

- Viel Obst und Gemüse
- Milchprodukte aus Ziegen- und Schafmilch wie Käse und Joghurt
- Meeresfische und Meerestiere
- Lamm-, Ziegen- und Hühnerfleisch
- Frische Kräuter
- Gesunde Öle
- Moderater täglicher Rotweinkonsum

Gesundheitliche Wirkung

*»Sei bei mir, in Maßen zwar,
doch verlasse mich nicht.«*

Euripides, griechischer Dichter, über den Wein

Wir haben in den vorhergehenden Kapiteln immer wieder darauf hingewiesen, dass sich moderater Weinkonsum positiv auf unsere Gesundheit auswirkt. Wir haben bereits festgestellt, dass dafür der hervorragende Cocktail an Pflanzeninhaltsstoffen, allen voran das Resveratrol, verantwortlich ist. Nun wollen wir präzisieren, was diese Polyphenole bewirken beziehungsweise welche Effekte bei verschiedenen Krankheiten erzielt werden.

Wir werden in diesem Kapitel verschiedene besonders interessante Erkenntnisse herausgreifen, die allesamt auf aktuellen Forschungsergebnissen beruhen. Wer noch mehr über dieses Thema wissen möchte, dem dürfen wir das vertiefende Kapitel »Neueste Forschungsergebnisse« ab Seite 75 ans Herz legen. Eines können wir aber vorweg schon sagen: Bei fast allen Krankheitsbildern ist eine positive Wirkung des Weines zu erkennen.

Wein beugt Herzerkrankungen vor

Kennen Sie Framingham? Vermutlich nicht, und das ist ehrlich gesagt auch keine große Schande. Was Sie aber kennen sollten, sind die Erkenntnisse, die hinter diesem Namen stehen.

Framingham ist ein kleiner Ort nicht weit von Boston im amerikanischen Bundesstaat Massachusetts. Diese Ortschaft zeichnet sich durch ein markantes Merkmal aus: Sie ist enorm durchschnittlich. Und dieser Umstand macht sie zu einem perfekten Ort, um eine längerfristige Studie durchzuführen. So kommt es, dass hier seit 1950 kontinuierliche Untersuchungen organisiert werden. Die wichtigsten Erkenntnisse, die heute zu Risikofaktoren von Herz-Kreislauf-Erkrankungen vorliegen, stammen aus dieser Studie. So wissen wir längst, dass Rauchen, hoher Blutdruck oder ein erhöhter Cholesterinspiegel maßgeblich an Kreislauferkrankungen schuld sind. Was heute beinahe im Allgemeinwissen verankert ist, war vor Framingham nicht bewusst. Aus dieser Langzeitstudie sind mittlerweile mehr als 250 Risikofaktoren für kardiovaskuläre Erkrankungen bekannt.

Die Wissenschaft weiß aus diesen Forschungen auch seit Jahrzehnten, dass sich moderater Alkoholkonsum positiv auf Herzgefäßerkrankungen auswirkt. Die Framingham-Studie brachte die Erkenntnis, dass ein hoher Blutcholesterinspiegel sowie ein hoher Blutdruck als hauptsächliche Risikofaktoren für Herzerkrankungen genannt werden können. Es wurde aber genauso dargelegt, dass moderater Alkoholkonsum zum einen Schutz vor Herzerkrankungen gewährt, zum anderen Personen, die bereits an einer Herzerkrankung leiden, vor einem weiteren Herzinfarkt oder gar vor dem Tod schützen kann.

Wo liegt nun die Erklärung dafür? Das Schlüsselwort heißt Cholesterin. Der beständige Konsum geringer Alkoholmengen führt zu einer leichten Senkung des LDL-Cholesterins sowie zu einer Steigerung des HDL-Cholesterins. Darüber hinaus ist die Wahrscheinlichkeit einer Blutgerinnselbildung viel geringer. Dies wirkt sich wiederum positiv auf verschiedene Organe und deren Erkrankungen aus, beispielsweise auf das Herz (Herzinfarkt) und auf das Gehirn (Schlaganfall).

Angesichts dieser guten Neuigkeiten sollte Ihnen Ihr Glas Wein besonders gut munden. Zumal Sie sich damit generell gegen Arterienerkrankungen wappnen. Kein Wunder also, dass auch die Herzspezialisten des »American College of Cardiology« ganz konkret dazu raten, regelmäßig Wein zu trinken. Selbst für Menschen, die bereits einen Herzinfarkt hatten, ist die mediterrane Diät, inklusive Weinkonsum, zu empfehlen, um einem weiteren Infarkt vorzubeugen.

MODERATER WEINGENUSS – BEMERKENSWERTE WIRKUNGEN

- Bluthochdruck wird gesenkt
- Vorbeugung gegen Thrombose
- Schlaganfallrisiko wird gesenkt
- Schutz vor Arteriosklerose
- Stärkung für das Gehirn
- Geringe Fettsucht dank Wein
- Auch gegen Erkältung hilft Wein
- Hilfe bei Verdauungsproblemen

Frankreich führend

Wie großartig Weinkonsum bei der Vorbeugung von Herzerkrankungen wirken kann, haben wir am Beispiel Frankreich bereits erwähnt. Das gute Ergebnis für die Bewohner Frankreichs dürfte allerdings nicht nur mit ihrem jährlichen Weinkonsum von durchschnittlich 50 Litern zusammenhängen, sondern auch mit einem sozial höheren Lebensniveau in Verbindung stehen, das Weintrinker generell zu haben scheinen. Dieses Niveau wird durch einen alten humorvollen, aber treffenden Spruch eines Kellners unterstrichen, der einen Gast fragt: »Saufst an Most, magst a Bier oder trinkt der Herr einen Wein?«

Denn eines dürfen wir als gegeben annehmen, auch wenn die Studien bisher dazu schweigen: Der Lifestyle von Weintrinkern und Nichtweintrinkern unterscheidet sich enorm. Man darf mit ruhigem Gewissen daraus schließen, dass nicht nur der Wein an sich, sondern auch der Umstand, Weintrinker verfügen meist über einen aktiveren und interessierteren Lebensstil, dazu beiträgt, dass Körper und Geist über einen höheren Fitnessgrad verfügen. Apropos: Direkt nach dem Alkoholkonsum sollte kein intensiver Sport betrieben werden; dies wirkt sich negativ auf das Elektrokardiogramm, die Summe der elektrischen Aktivitäten aller Herzmuskelfasern, aus.

Bluthochdruck wird gesenkt

Bluthochdruck ist die häufigste aller widrigen Herzumstände. Hoher Blutdruck erhöht die Arbeitsleistung des Herzens und führt auf Dauer zu einer Herzvergrößerung und vorzeitiger Ermüdung. Folgen davon sind Erkrankungen wie Herzinfarkt oder Schlaganfall. Bluthochdruck wurde auch schon als »leiser Killer« bezeichnet. Die Erklärung dafür ist simpel: Ohne besondere Symptome zu zeigen, beschädigt er ernsthaft Herz, Nieren oder Gehirn. Auch hier stellt der Wein eine interessante Hilfe dar: Eine italienische Studie kam zu dem Ergebnis, dass zu Mittag konsumierter Rotwein im weiteren Tagesverlauf zu einem niedrigeren Blutdruck führt. Ab einer Dosis von 200 ml täglich kommt es bereits zu einer deutlichen Verbesserung des Blutdrucks.

Vorbeugung gegen Thrombose

Trinkt man abends Wein, werden dadurch Plasmin-Aktivatoren stimuliert. Plasmin ist ein Enzym, das viele Proteine im Blutplasma spalten und abbauen kann und gegen Gerinnsel aktiv ist. Dieser Effekt hält bis weit in den nächsten Tag hinein an. Ein durchaus positives Faktum, wenn man bedenkt, dass die meisten Herzinfarkte am frühen Morgen auftreten. Auch der Blutdruck wird gesenkt, doch ist dieser am Tag darauf höher, als wenn man kein Glas Wein getrunken hätte. Auf dieses Risiko muss geachtet werden.

Schlaganfallrisiko wird gesenkt

Unter einem Schlaganfall oder einem Gehirnschlag versteht man eine plötzlich auftretende Erkrankung des Gehirns, die durch eine Störung in der Blutversorgung desselben hervorgerufen wird. Wein, in kleinen Mengen genossen, senkt das Schlaganfallrisiko – hoher Alkoholkonsum verstärkt diese Bedrohung. Es kommt also wie immer auf die Dosis an.

Schutz vor Arteriosklerose

Die Arteriosklerose ist eine der heimtückischsten Krankheiten, die wir kennen. Sie entwickelt sich langsam über die Jahre und bleibt lange ohne Symptome, bis sie sich in Form von Herzinfarkt, Schlaganfall oder ähnlichen Bedrohungen zu erkennen gibt. Die Arteriosklerose ist eine Systemerkrankung der Blutgefäße, bei der es zu Ablagerungen von Blutfetten, Bindegewebe, Thromben und Kalk kommt, wodurch die Gefäße ihre Elastizität verlieren und verengt werden. Die Ablagerungen werden auch als Plaques bezeichnet. Der Genuss von Rotwein wirkt diesen bedrohlichen Ablagerungen entgegen und verbessert auch die so wichtige Elastizität der Gefäßwände deutlich.

Stärkung für das Gehirn

Unter dem Begriff Demenz versteht man eine Verminderung der geistigen Leistungsfähigkeit. Vor allem ist das Kurzzeitgedächtnis, ferner das Denkvermögen, die Sprache und die Motorik sowie bei einigen Formen auch die Persönlichkeitsstruktur betroffen. Wer von dieser Krankheit betroffen ist, hat Probleme, neue gedankliche Inhalte zu erkennen und wiederzugeben. Die am häufigsten auftretende Form der Demenz ist die Alzheimer-Krankheit. Die Alzheimer-Demenz fängt mit einem schleichenden Gedächtnisverlust an und führt in weiterer Folge zu einem massiven Verfall der Persönlichkeit. Alzheimer ist, so viel kann man heute sagen, eine der bedrohlichsten Krankheiten des 21. Jahrhunderts und weiter stark im Steigen, zumal es bis dato keine effektive Behandlung dagegen gibt. Umso wichtiger ist es, Schutz aufzubauen. Auch hier hilft uns der Wein beziehungsweise der Alkohol. In einer moderaten Dosis genossen wird dadurch das Demenzrisiko verringert.

Wein auch für Diabetiker

Die steigende Fettleibigkeit der westlichen Bevölkerung fördert automatisch den Anstieg von Diabetes mellitus, auch Zuckerkrankheit genannt. Zahlreiche Untersuchungen haben gezeigt, dass mäßiger Alkoholkonsum bei der Prävention von Diabetes, einer Krankheit, die zu rascher Gefäßschädigung besonders der kleinen und mittleren Gefäße führt, hilft, was wiederum die generelle Alterung im Zeitraffer stimuliert. Manche Studien sprechen sogar von einer Reduktion des Risikos von über 50%.

Doch auch Menschen, die schon an der Krankheit leiden, können auf den Wein schwören. Lange Jahre hindurch wurde Diabetikern zwar geraten: »Finger weg vom Alkohol«, also auch vom Wein, in den letzten Jahren aber musste man zunehmend erkennen, dass diese Einstellung überholungsbedürftig ist.

Geringe Fettsucht dank Wein

Wie Untersuchungen gezeigt haben, ist Fettsucht unter jenen Menschen, die in Maßen Alkohol trinken, viel seltener anzutreffen. Dabei gilt als belegt, dass diese tolle Wirkung ausschließlich auf den Wein zurückzuführen ist und nicht auf Schnaps oder Bier. Personen, die ein bis zwei Gläser Wein täglich trinken, sind tendenziell schlanker.

Auch gegen Erkältung hilft Wein

Alljährlich, kurz bevor die erste Grippewelle über die Länder rollt, sind sie wieder en vogue: Tipps und Tricks, wie man den Viren entgehen kann; Empfehlungen von Hausmitteln, um die Wirkung abzufedern; Präparate und Tabletten, die den Ausbruch einer Krankheit verhindern sollen. Ein Mittel wird man in Zukunft all diesen Dingen vorziehen müssen: den Wein. Besonders der Rotwein bildet nämlich einen tollen Schutz gegen die Erkältung, wie eine Studie aus Spanien gezeigt hat. Über 4000 Teilnehmer wurden dabei beobachtet. Das Ergebnis ist höchst faszinierend: Jene Menschen, die zwischen 8 und 14 Gläser Rotwein wöchentlich tranken, wiesen eine um 60 % niedrigere Wahrscheinlichkeit auf, an einer Erkältung zu erkranken.

Wer moderat Wein trinkt, ist ganz einfach widerstandsfähiger, vermutlich aufgrund der antioxidativen Wirkung des Weines. Die herausragende Schutzwirkung gilt aber nur *vor* einer Erkrankung. Wer bereits krank ist, sollte Alkohol meiden, da dieser den Körper eher austrocknet und die Erkältungssymptome damit verlängert. Die Studie nimmt im Übrigen eine Gruppe von den positiven Ergebnissen aus: Raucher. Diese wurden genauso häufig krank wie Abstinenzler.

Hilfe bei Verdauungsproblemen

Über Verdauungsprobleme klagen nicht nur ältere Menschen, doch gerade im Alter kann es zu größeren Schwierigkeiten kommen. Der Grund liegt im abnehmenden Säuregehalt des Magensaftes. Bei einem 70-jährigen Menschen liegt der Säuregehalt in etwa bei 35 % des Normalwertes, mit steigendem Alter sinkt dieser weiter ab.

Nun hat Alkohol die Eigenschaft, nicht erst durch den Verdauungsprozess aufgespalten werden zu müssen. Etwa ein Fünftel des Alkohols wird bereits im Magen aufgenommen, weitere 80% im Dünndarm. Durch diese Aufnahme wird ein schwacher Reiz auf die

WICHTIG FÜR MENSCHEN MIT HOHEM MAGENSÄUREGEHALT:

Greifen Sie am besten zu milden Weinen, um eine zu starke Reizung der Magenschleimhaut zu verhindern.

Magenschleimhaut ausgeübt, welcher wiederum das Hormon Gastrin freisetzt. Dieses Hormon führt dazu, dass vermehrt Magensäfte erzeugt werden. Insofern hilft der Wein, die Verdauungsfähigkeit des Menschen zu stärken. Ein Glas vor der Mahlzeit oder während des Essens sei hier empfohlen.

Zusammenfassung

Nach dem derzeitgen Stand der Forschung dürfte es kein Krankheitsbild geben, dessen Vorbeugung oder Behandlung nicht in irgendeiner Weise vom Weinkonsum profitiert. Lassen Sie sich dieses Faktum noch einmal durch den Kopf gehen. Wir dürfen zu Recht über diese gewaltige Kraft staunen, die uns die Natur hier zur Verfügung stellt.

Fassen wir zusammen: Wer Wein in moderaten Mengen trinkt, beugt Herzgefäßerkrankungen, Schlaganfall, Osteoporose, Fettsucht und Demenz vor. Damit nicht genug, lebt man auch länger.

WEIN IST EIN IDEALES GESUNDHEITSGETRÄNK

Lassen Sie ihn sich in diesem Bewusstsein schmecken!
Aber achten Sie auf die Dosis, denn sie ist der Schlüssel zum Jungbrunnen.

Uneingeschränkt dürfen wir den Konsum von Wein freilich nicht empfehlen. Wer früher Alkoholiker war oder sich in einer medizinischen Verfassung befindet, die Alkohol nicht verträgt, muss die Finger davon lassen. Für all jene jedoch, für die es keine gesundheitlichen Einschränkungen gibt, ist Wein ein ganz bedeutender Beitrag zu einem gesunden Lebensstil.

Neueste Forschungsergebnisse in geballter Form

»Wenn die Neugier sich auf ernsthafte Dinge richtet, dann nennt man sie Wissensdrang.«

Marie von Ebner-Eschenbach (1830–1916), österreichische Schriftstellerin

Die Bedeutung des Weines für die Gesundheit des Menschen spiegelt sich auch in der steigenden Anzahl an Studien wider, immer häufiger werden spannende Ergebnisse präsentiert. Ein besonderer Gradmesser dafür ist der »Wine & Health«-Kongress, der 2005 in Südafrika und 2007 in Bordeaux abgehalten wurde. Von beiden Veranstaltungen haben wir sehr interessante Erkenntnisse mitgenommen. Diese Forschungen untermauern das Wissen alter Kulturen mit modernen wissenschaftlichen Methoden. Dieses Kapitel sammelt nun verschiedene Studienergebnisse, die – zum Teil brandneu – beim letztjährigen Weinkongress präsentiert wurden. Die folgenden Seiten richten sich folglich an jene Leser, die sich genauer für die Wirkungsweisen des Weines interessieren.

Getränke und Gesamtsterblichkeit

Wein ist besser als Wasser, ein Faktum, das in einer französischen Studie aus dem Jahre 1933 bewiesen wurde: Das Durchschnittsalter bei Wassertrinkern lag bei 59 Jahren, jenes bei Weintrinkern bei 65 Jahren. Es darf also als gefestigt angenommen werden: Regelmäßiger Alkoholkonsum senkt die durchschnittliche Sterblichkeit. Wein wirkt dabei erheblich besser als Bier. Der italienische Professor Gaetano hat einen Vergleich zwischen Bier- und Weintrinkern angestellt, mit jeweils ca. 23000 Teilnehmern. Sein Ergebnis: Bier reduziert das Sterberisiko um 22 %, Wein jedoch um 33 %. Interessant ist auch folgende Erkenntnis: Je älter man wird, desto wichtiger wird der moderate Weinkonsum. Eine andere Studie kam bei einem Vergleich über die Sterblichkeit in verschiedenen Ländern zu dem Ergebnis, dass diese in Europa am vorteilhaftesten verläuft. Fazit: Hier funktioniert der moderate Weinkonsum am besten. Erst bei einer höheren Dosis steigt die Sterblichkeit wieder an. Neue Studien liefern dabei immer bessere Ergebnisse.

Von 1978 an wurden im Osten Frankreichs über einen Zeitraum von 12 Jahren 45094 Männer im Alter zwischen 40 und 65 Jahren in einer Studie untersucht. Diese Beobachtungen brachten enorm aufschlussreiches Material über den Zusammenhang zwischen Trinkgewohnheiten und Lebensdauer zutage. Demnach wiesen jene Männer, die auf moderaten Weinkonsum schworen, eine längere Lebenszeit auf als Abstinente. Jene Personen, die dem moderaten Bierkonsum frönten, konnten hingegen keine Verringerung des Sterblichkeitsrisikos verbuchen. Männer, die überdurchschnittlich viel Bier tranken, hatten sogar ein deutlich höheres Risiko. Interessanterweise waren aber nicht nur alkoholische Getränke ausschlaggebend. So hatten Personen, die viel Sodawasser tranken, ein höheres Sterblichkeitsrisiko als jene, die wenig Sodawasser konsumierten.

Prävention gegen Herzkrankheiten

Vorbeugen ist besser als heilen. Eine alte Weisheit, die selten so vortrefflich nachzuweisen war wie anhand der sogenannten MONICA-Studie. Jenes Wort, das zufällig gleich lautet wie eine Rebsorte, steht für eine der wichtigsten und interessantesten Langzeitstudien zum Thema Herz-Kreislauf. MONICA steht für »Monitoring Trends and Determinants of Cardiovascular Disease«, was übersetzt so viel bedeutet wie »Beobachtung von Trends und Faktoren von Herz-Kreislauf-Erkrankungen«. An dieser Studie beteiligten sich 37 Zentren in 21 Ländern. In einem Untersuchungszeitraum von 30 Jahren wurde von der Weltgesundheitsorganisation WHO erkannt, dass das Zurückdrängen koronarer Herzerkrankungen lediglich zu einem Drittel auf verbesserte Therapien zurückgeht, jedoch zu zwei Drittel auf gezielte Prävention. Das bedeutet im Grunde genommen, dass allein durch die Kontrolle der drei klassischen Risikofaktoren Bluthochdruck, LDL-Cholesterin und Rauchen der Großteil der koronaren Herzerkrankungen verhindert werden könnte. Und natürlich spielt hier auch der moderate Konsum von Wein eine beträchtliche Rolle.

Weingenuss nach Herzinfarkt

Wein ist auch hilfreich, wenn man bereits am Herzen leidet. Eine französische Studie hat uns gezeigt, dass maßvoller Weingenuss in Verbindung mit mediterraner Kost auch nach einem Herzinfarkt nützlich ist und einem zweiten Infarkt vorbeugen kann. Eine Untersuchung in Wales bewies, dass Rotwein bei Männern zwischen 55 und 64 die optimale Wirkung hat – in diesem Alter ist das Herzinfarktrisiko erfahrungsgemäß besonders hoch.

Höchst interessant ist auch eine aktuelle Untersuchung: So wurde kürzlich eine große Studie mit 98360 Teilnehmern beendet, die die Führungsrolle Frankreichs in puncto Statistik der Herz-Kreislauf-Erkrankungen untermauerte. So gibt es bei den Franzosen weniger Infarkte, obwohl diese etwa doppelt so viel rauchen wie die Amerikaner.

Alkohol und Bluthochdruck

Trinkt man Alkohol in gemäßigten Mengen, erzielt man damit eine stabilisierende Wirkung auf den Blutdruck. Wer jedoch sehr viel Alkohol trinkt, hat gemeinhin mit hohem Blutdruck zu kämpfen. Diese Erkenntnis wurde in Untersuchungen gewonnen, die sowohl unter Männern als auch unter Frauen durchgeführt wurden. Ein weiteres Resultat: Auch Abstinenzler haben mehr Probleme mit hohem Blutdruck als jene Menschen, die regelmäßig ihr Glas Wein genießen. Neueste Erkenntnisse sprechen davon, dass der Blutdruck bei Konsumation einer ganzen Flasche Wein (also 0,75 Liter) um 13% sinkt.

Weingenuss schmälert das Demenzrisiko

Eine der interessantesten Untersuchungen ist jene niederländische Langzeituntersuchung, die wir als Rotterdamer Studie kennen. Hier wurden Tausende ältere Menschen auf die Entwicklung der Alzheimer-Krankheit untersucht. Mit einem spannenden Ergebnis: Wer täglich zwei bis drei Gläser Alkohol trinkt (nicht nur Wein, auch andere alkoholische Getränke), verringert das Demenzrisiko um 50% und mehr.

Eine weitere Untersuchung an 3777 Menschen im Alter von 65 Jahren und älter bestätigt, dass Weintrinker über ein geringeres Demenzrisiko verfügen. Wie für das Gebiet, in dem die Studie durchgeführt wurde (im Gironde- und Dordogne-Gebiet Südfrankreichs) typisch, tranken 95% der Befragten Wein, die Mehrzahl Rotwein. Moderate Weintrinker (mit einem Quantum von zwei bis vier Gläsern pro Tag), wiesen ein um ein Viertel geringeres Demenzrisiko auf als Nichttrinker. Good News für das Gehirn auch aus den USA: 12480 Frauen im Alter zwischen 70 und 81 Jahren wurden beobachtet. Die Ergebnisse zeigten, dass die Konsumation von einem alkoholischen Getränk am Tag zu einem besseren Abschneiden bei den Tests zur Abfrage der mentalen Fähigkeiten führte. Eine andere Studie, durchgeführt in England unter Frauen und Männern im Alter zwischen 46 und 68 Jahren, brachte ähnliche Resultate: Regelmäßiger moderater Alkoholkonsum führte zu verbesserten Leistungen bei Gedächtnistests.

Doch worin liegt diese positive Wirkung des Alkohols? Zum einen sorgt er dafür, dass die Gefäße weiter werden, was wiederum besser durchblutete und somit besser funktionierende Organe zur Folge hat. Zum anderen sind freie Radikale massiv an der Entstehung von Demenz beteiligt. Die antioxidative und antiinflammatorische Wirkung des Weines bildet hier einen Schutzwall. Der mäßige Weinkonsum schützt aber nicht nur vor Demenz, er tut dem Gehirn generell gut.

Heilende Effekte des Tokay-Weins

Der Weißwein wird bei den vielen Worten über das Resveratrol mitunter stiefmütterlich behandelt. Doch man sollte auch sein Potenzial nicht unterschätzen, das vielfach noch nicht ausreichend erforscht ist. Bekannt und untersucht jedoch ist die herausragende gesundheitliche Wirkung des Tokay-Weins. Schon Paracelsus wusste über die Fähigkeiten dieses Weißweins Bescheid und auch heute ist man von seiner positiven Kraft überzeugt.

Tokay-Wein, ein delikater Dessertwein, verfügt über eine beachtliche Anzahl von Antioxidantien und Pflanzeninhaltsstoffen und wirkt vorbeugend gegen Magenbeschwerden oder Gicht; sein Konsum wird etwa bei Blutarmut, Blutverlust oder Appetitlosigkeit empfohlen.

Tokay-Wein oder Tokajer, wie er auch genannt wird, wird aus den Weinsorten Furmint, Muskateller und Lindenblättriger hergestellt und stammt aus der ungarischen Stadt Tokaj. Er lagert nach der Vergärung über vier Jahre in Holzfässern.

Arterielle Thrombose

Unter Epidemiologie versteht man die wissenschaftliche Disziplin, die sich mit den Ursachen, Folgen und der Verbreitung von gesundheitsbezogenen Bewegungen in der Bevölkerung auseinandersetzt. Sie untersucht sozusagen, welche Faktoren sich auf Gesundheit und Krankheit auswirken, und zieht daraus Schlüsse auf Maßnahmen, die zugunsten der Volksgesundheit gesetzt werden sollten. Eben diese Epidemiologie lehrt uns, dass ein regelmäßiger und dosierter Weinkonsum das Auftreten von Herz- und Kreislauf-Erkrankungen reduzieren würde. Diese Erkrankungen haben ihren Ursprung meist in einer arteriellen Thrombose. Dabei handelt es sich um Blutgerinnsel, die in einer Schlagader entstehen. Derartige Gerinnsel führen im betroffenen Organ und im nachgeschalteten Gewebe zu einem Durchblutungsstopp sowie zu einem raschen Absterben des betroffenen Gewebes durch den dadurch bedingten Sauerstoffmangel.

Verschiedene Studien haben belegt, dass die Konsumation von Nahrungsmitteln mit einem hohen Anteil an Polyphenolen (Wein, Tee, Früchte und Gemüse) zu einer geringeren Zahl von Herz-Kreislauf-Erkrankungen und Krebsfällen führt und somit die Gesamtsterblichkeitsrate verbessert. Der Konsum von Polyphenolen aus Rotwein verlangsamte in verschiedenen Experimenten außerdem die Bildung von arterieller Thrombose und sorgte für eine Normalisierung des Blutdrucks.

Resveratrol schützt vor Altersdiabetes

Auch in China entdeckt man zunehmend die Fähigkeiten des Weines. Das Land, in dem der Tee traditionell stark als Anti-Aging-Getränk verwurzelt ist, entwickelt mittlerweile ein reges Interesse am Rebensaft. Davon zeugen nicht nur viele Hektar voller Weingärten, sondern auch neue Forschungen. Chinesische Wissenschaftler haben herausgefunden, dass uns das Resveratrol vor Altersdiabetes (auch Typ-2-Diabetes genannt) bewahrt, indem es die Insulinresistenz der Zellen mildern kann. Resveratrol aktiviert bereits in sehr kleinen Dosierungen eine biochemische Signalkette, welche die Zellen empfindlicher für das Stoffwechselhormon Insulin macht. Die meisten Diabetiker haben diese Empfindlichkeit verloren, wodurch der Zucker nicht mehr aus dem Blut gefiltert und in den Energiespeichern des Körpers gesammelt werden kann.

Auch wer bereits an Diabetes erkrankt ist, kann auf die Kraft des Rebensaftes zurückgreifen. Bahnbrechende Ergebnisse lieferte dabei die »DiabetesAhrWeinStudie«, durchgeführt in Deutschland. 80 Diabetiker des Typs 2 (dies sind Altersdiabetiker) tranken über sechs Wochen täglich ein Glas Wein zum Abendessen. Die Zuckerwerte blieben in diesem Zeitraum stabil, gleichzeitig sank jedoch die Menge des gefäßschädigenden Gerinnungsfaktors Fibrinogen. Die HDL-Cholesterin-Werte stiegen im Gegenzug an (HDL ist ein Eiweiß, das zum Schutz der Gefäße beiträgt). In der richtigen Dosis genossen profitieren also auch Diabetiker von der Wunderwaffe Wein. Verantwortlich für den positiven Effekt dürften sowohl Polyphenole als auch der Alkohol selbst sein.

Der Wein und das Skelett

Osteoporose ist eine weit verbreitete Alterserkrankung der Knochen. Diese auch als Knochenschwund bezeichnete Krankheit ist durch eine geringe Dichte an Mineralien in den Knochen, eine erhöhte Zerbrechlichkeit der Knochen sowie eine erhöhte Anfälligkeit für Brüche charakterisiert. Masse, Substanz und Struktur der Knochen sind einem raschen Abbau ausgesetzt. Zu 70 % ist die Krankheit genetisch bedingt, einen wesentlichen Anteil hat aber auch der Lebenswandel. So sind übermäßiger Alkoholkonsum und Alkoholismus hohe Risikofaktoren für Osteoporose. Die Wirkung von moderatem Weinkonsum auf Osteoporose ist noch nicht hinreichend erforscht, es gibt aber bereits Studien, die darauf hinweisen, dass Weintrinker über bessere Werte in Bezug auf die Knochenmasse und auch über ein geringeres Risiko bei Wirbel- und Hüftbrüchen verfügen. Aber auch regelmäßige Bewegung ist hier von großer Bedeutung.

Geschlechterspezifische Forschungsergebnisse

Auch zum Thema »Gender-Medizin« wird immer intensiver geforscht. So gibt es beim Weinkonsum große Unterschiede zwischen Mann und Frau. Frauen trinken anders als Männer, sie haben andere Lebensgewohnheiten und einen anderen Lebensstil. Dementsprechend muss man Frauen auch einen geringeren Alkoholkonsum empfehlen. So bestätigte eine italienische Studie zwar, dass geringer bis moderater Alkoholkonsum die Sterb-

GENDER-MEDIZIN ...

... ist eine noch junge Wissenschaft, die Forschung, Diagnose- und Therapie unter geschlechtsspezifischen Aspekten betrachtet.

lichkeit durch Herzgefäß-Erkrankungen signifikant reduziert, sie erkannte aber auch Unterschiede bei den Geschlechtern. Bei sehr geringen Mengen Alkohol verfügen Frauen über einen viel höheren Schutz als Männer. Steigt jedoch die Dosis, nimmt die Schutzwirkung bei den Damen ab, währen die Herren noch immer über den gleichen Schutz verfügen. In dieser Untersuchung wurde weiters festgestellt, dass eine deutliche Steigerung der Dosis zu einem radikalen Ansteigen der Sterblichkeitskurve bei der Frau führt, während sie sich bei den Männern eher flach weiterentwickelt. Auch diese Studie konnte deutlich zeigen, dass die größte Gefahr sowohl Vieltrinkern als auch Abstinenzlern droht.

Gesünder zu zweit

Am besten trinkt es sich ohnehin zu zweit – das sagt zumindest eine neue Studie aus Bordeaux. Trinken Mann oder Frau allein, reduzieren sie das Sterblichkeitsrisiko in den üblichen Bandbreiten. Interessanter ist da schon, wenn sich Dame und Herr zu einem gemütlichen Glas treffen, denn durch die gemeinsame Konsumation wird die Wirkung des Weines noch verstärkt.

Dass zwischenmenschliche Kontakte günstig sind, wissen wir ja, dass sie sich auch beim Weintrinken auswirken, ist neu. Allerdings kommt die Wirkung angeblich erst zum Tragen, wenn man schon älter ist. Was aber natürlich nicht bedeutet, dass man in jüngeren Jahren auf angenehme Gesellschaft beim Weintrinken verzichten sollte. Schließlich passt gerade hier das alte Sprichwort: »Geteilte Freude ist doppelte Freude.«

Die Vorzüge des Weißweins

»Wo aber der Wein fehlt,
stirbt der Reiz des Lebens.«

Euripides, griechischer Dichter

Auch wenn dem Rotwein gemeinhin mehr Aufmerksamkeit geschenkt wird, weiß man heute, dass auch der weiße Rebensaft sehr positiv auf die Gesundheit wirkt. Weißwein verfügt über eine positive Wirkung auf das Herz, die Gefäße und den Kreislauf, stärkt das Immunsystem und hilft dem Gedächtnis auf die Sprünge. So wie auch der Rotwein verfügt der Weißwein über eine antioxidative Wirkung und schützt die Arterien vor Verkalkung. Des Weiteren ist sein Genuss wirksam gegen koronare Herzkrankheiten.

Gut für Allergiker

Weißwein ist gerade für Allergiker oft eine besondere Empfehlung. Bei der Weingärung entsteht Histamin, das gerade im Rotwein oft etwas reichlich vorhanden ist. Reagiert nun jemand intensiver auf Histamin, kann es zu verschiedenen Reaktionen wie Kopfschmerzen, Durchfall, Kreislaufproblemen, heuschnupfenähnlichen Zuständen oder sogar Asthma kommen. Für diese Fälle ist ein junger, trockener Weißwein eine echte Alternative, da hier der Histamingehalt oft gegen null geht.

EINE ALTERNATIVE ZU ROTWEIN

Manche Menschen vertragen keinen Rotwein. Häufig ist Histamin der Auslöser für eine Reihe von Unverträglichkeitsreaktionen – versuchen Sie es in diesem Fall mit Weißwein!

Plus für die grauen Zellen

Verglichen mit Rotwein verfügt Weißwein über einen geringeren Anteil an Polyphenolen. Allerdings gibt es wahrhaft Sensationelles über den Champagner zu vermelden. Champagner-Wein enthält nämlich einen relativ hohen Anteil an Phenolen wie beispielsweise Tyrosol oder Kaffeesäure. Diese Stoffe wurden bis dato noch nicht zur Gänze auf ihre Fähigkeiten untersucht, gegen oxidativen Stress zu schützen. In Bordeaux wurde im Herbst vergangenen Jahres jedoch eine Studie präsentiert, die darlegt, dass Champagner nicht nur eine erhellende Wirkung auf unseren Geist hat, sondern tatsächlich eine belebende Wirkung auf unsere Neuronen ausübt. Champagner und in weiterer Folge auch Weißwein dürften somit starke Verbündete gegen Demenz sein.

SENSATIONELLES ÜBER DEN CHAMPAGNER

... er soll nicht nur eine erhellende Wirkung auf unseren Geist ausüben, sondern auch ein gutes Mittel gegen Demenz sein!

Auch das »Journal of Agricultural and Food Chemistry« berichtete darüber, dass mäßiger Genuss von Champagner gut für das Gehirn sei. Eine gemeinsame Studie der Universitäten Reading und Cagliari kommt zu dem Ergebnis, dass der edle Wein bei der Bewältigung von Traumata in Zusammenhang mit einem Schlaganfall, Alzheimer und Parkinson helfen kann. Die Untersuchung zeigte, dass der auch hier vorhandene Anteil an Polyphenolen dazu beitragen kann, der Zerstörung von Gehirnzellen aufgrund von oxidativem Stress (freie Radikale, »free radicals«) entgegenzuwirken. Die Forscher wiesen aber auch darauf hin, dass weiterführende Studien in diesem Bereich dringend notwendig seien, da diese Erkenntnisse gerade erst gewonnen wurden.

Auch Weißwein gut für das Herz

2002 entdeckte ein Forscherteam der Universität von Conneticut, dass nicht nur der vielgelobte Rotwein, sondern auch der Weißwein positive Wirkungen auf Herz und Kreislauf haben kann. Diese Forschungsergebnisse wurden später wissenschaftlich bestätigt. Interessant ist, dass die Schutzwirkung quasi ohne Resveratrol entsteht – was wiederum bedeutet, dass hier andere Antioxidantien zum Zug kommen müssen, über die man noch nichts Genaueres weiß.

Die Dosis macht's

*»All Ding' sind Gift und nichts ohn' Gift;
allein die Dosis macht, dass ein Ding kein Gift ist.«*

*Theophrastus Bombastus von Hohenheim,
genannt Paracelsus, Arzt, Mystiker und Philosoph*

*»Der Wein – maßvoll genossen – heilt und erfreut den Menschen zutiefst
durch seine große Kraft und Wärme.«*

Hildegard von Bingen, Benediktinerin

Im Rahmen der vorhergehenden Kapitel war immer wieder von maßvollem Weingenuss die Rede. Nun wollen wir dieses gesundheitsfördernde Maß präzisieren. Der große Paracelsus tat recht daran, wenn er davon sprach, dass oftmals die Dosis darüber bestimmt, ob uns etwas gut oder schlecht bekommt. So ist es auch beim Wein. Gerade bei einem so heiklen Thema wie Alkoholkonsum ist es bedeutend, immer wieder auf diesen Kerngedanken zu verweisen. Ein unreflektierter, unmäßiger Alkoholkonsum kann nie und nimmer gesund sein. Wenn selbsternannte Spezialisten nun davon sprechen, dass stetiger Alkoholkonsum über Jahre ähnlich negativ wirkt, muss man widersprechen. Denn diese Annahme ist nur dann richtig, wenn man von einer zu hohen Dosierung ausgeht. Mit der richtigen Menge erhalten wir jene positive Auswirkung, die wir auf den vorhergehenden Seiten beschworen haben.

Wein – ein individuelles Thema

In Hinblick auf die Dosierung sollten gewisse Überlegungen berücksichtigt werden. So darf man nicht vergessen, dass es in puncto Alkoholkonsum von Person zu Person individuelle Schwankungen gibt. Ein wichtiger Faktor ist die Nahrung – man muss sich die Frage stellen, ob, wie viel und was man zum Wein gegessen hat. Auch die zeitliche Abbaurate von Alkohol, die bei etwa 0,1 bis 0,15 ‰ pro Stunde liegt, spielt eine Rolle. Natürlich kommt es auch auf den Alkoholgehalt des betreffenden Weines an, welcher doch recht beträchtlich schwankt. Die Weine in Zentraleuropa sind meist in einem Bereich von 10 bis 13 %vol angesiedelt, dies entspricht 80 bis 104 Gramm reinem Alkohol pro Liter. Mit Ausreißern und Schwankungen darf man natürlich immer wieder rechnen. In Österreich haben Weißweine im Normalfall zwischen 11 und 12 %vol, Rotweine oft 12 bis 13 %vol.

Frauen und Wein

Darüber hinaus muss man bei der Erörterung der gesundheitlich korrekten Alkoholmenge natürlich in Betracht ziehen, dass die Alkoholverträglichkeit bei Frauen generell geringer ist als bei Männern. Dies hat unter anderem mit einer unterschiedlichen Körperzusammensetzung und einem geringeren Verteilungsvolumen für das Blut zu tun. Der Körper der Frau verfügt, verglichen mit jenem des Mannes, über einen höheren Anteil an Fettgewebe, was wiederum bedeutet, dass eine Frau bei gleichem Körpergewicht weniger Körperflüssigkeit und somit ein niedrigeres Blutvolumen hat. Da der Alkohol über das Blut aufgenommen wird, ist es nur logisch, dass eine geringere Menge Blut zu einer höheren Alkoholkonzentration in demselben führt. Im Allgemeinen kann man davon ausgehen, dass die Alkoholverträglichkeit von Frauen um etwa 20 bis 30 % niedriger ist als jene von Männern. Warum? Bei den Damen ist die Aktivität der Alkoholdehydrogenase niedriger, das ist jenes Enzym, das den Abbau des Alkohols steuert.

Welche Dosis ist nun unbedenklich?

Die Weltgesundheitsorganisation (WHO) spricht von ein bis zwei Achtel Wein täglich für Frauen und zwei bis drei Achtel Wein für Männer. Diese Dosis bestätigen wir: Nach dem heutigen Stand der medizinischen Erkenntnisse liegt der sinnvolle Konsum bei bis zu 20 Gramm für die Frau und bis 30 Gramm Alkohol für den Mann. Das entspricht in etwa der von der WHO vorgeschlagenen Weindosierung.

Die Empfehlung, Wein mäßig und regelmäßig zu genießen, führt bei manchen Menschen mitunter zur Annahme, dass hier ein Freifahrschein in die Abhängigkeit ausgestellt wird. Dieser Gedankengang ist jedoch grundlegend falsch, wie in verschiedenen Studien bereits untersucht wurde.

Auch bei Antioxidantien auf die Dosis achten

Antioxidantien sind wichtig für unseren Körper, aber wie bei so vielen Dingen sollte auch hier die Dosis im Auge behalten werden. Ein zu hoher Konsum kann sich negativ auswirken. Ein gutes Beispiel dafür ist Vitamin C. In zu großen Mengen wirkt es sogar pro-oxidant und verschlechtert damit den Gesundheitszustand. In einer Menge, die 400 mg pro Tag nicht übersteigt, birgt es keine Gefahr und übt darüber hinaus eine positive Wirkung auf unseren Körper aus. Es ist prinzipiell davon abzuraten, sich auf eine einzige Antioxidantien-Quelle zu konzentrieren und diese exzessiv zu konsumieren. Viel wichtiger ist ein ausgewogener Mix verschiedener guter und frischer Lebensmittel, die uns mit jenen Stoffen versorgen, die uns wohltun. Ein sehr guter Anhaltspunkt dafür ist die immer wieder propagierte klassische mediterrane Essens- und Trinkensweise, die auf den großzügigen Konsum von Obst und Gemüse und moderaten Weinkonsum setzt.

Geringerer Alkoholgehalt, gleiche Menge an Antioxidantien

Während die Wirkung der Pflanzeninhaltsstoffe im Wein unbestritten ist, löst die alkoholische Komponente immer wieder Bedenken aus. Wie wir wissen, gilt eine geringe Menge als unbedenklich, aber sowohl zu viel Alkohol als auch zu wenig (sprich Abstinenz) haben eine schädliche Auswirkung. Forscher haben sich darüber Gedanken gemacht, ob Rotwein mit geringerem Alkoholgehalt (im Versuch mit 6% Alkohol) genauso gesund sein könnte wie ein guter Tropfen mit 12 % Alkoholgehalt. Das erstaunliche Ergebnis: Im »leichteren« Wein konnten nahezu gleich viele antioxidative Bestandteile festgestellt werden wie im »schweren«. Des Weiteren konnte nachgewiesen werden, dass die Alkoholreduzierung auch auf den Anteil herzschützender Bestandteile keinerlei Auswirkungen hatte. Die logische Empfehlung der Wissenschaftler lautet daher, Wein mit geringerem Alkoholgehalt zu trinken und so den negativen Eigenschaften des Alkohols zu entgehen, die positiven Kräfte des Weines hingegen voll auszuschöpfen. Die Forscher sind sich aber großteils einig, dass es ganz ohne Alkohol auch nicht geht. Er spielt offensichtlich eine wesentliche Trägerrolle für die die kostbaren Pflanzeninhaltsstoffe.

Wein und Schönheit

»Schönheit ist die vollkommene Übereinstimmung des Sinnlichen mit dem Geistigen.«

Franz Grillparzer (1791–1872), österreichischer Dichter

Wein tut nicht nur gut, er macht auch schön. Damit meinen wir natürlich keineswegs, dass Ihr Äußeres mit jedem getrunkenen Glas Wein an Ästhetik gewinnt (wie es die Mär vom »Schöntrinken« vermittelt), wir denken in ernsthaften Hintergründen. Tatsächlich hat Wein als Pflegemittel eine lange Tradition. Schon die ägyptische Königin Cleopatra soll nicht nur im Wein gebadet haben, sie nutzte auch die Fruchtsäure, indem sie sich die Reste der Weinproduktion ins Gesicht strich.

Auch am Hofe Ludwigs XIV. fand Wein als Beautyprodukt Anwendung. Die französischen Adeligen im 17. Jahrhundert rieben sich ihre von Blässe gekennzeichneten Gesichter gerne mit Traubensaft ab, so wurde ihr Teint wieder strahlend.

Auch heute macht man sich die Kraft der Weintraube zunutze, wenn es um die Pflege der Haut geht. Polyphenole aus der Schale der Trauben, vor allem OPC (oligomere Procyanidine), werden häufig in Gesichtscremes zur Hautstraffung verwendet. Polyphenole stimulieren auch die Produktion von Kollagen und fördern den Feuchtigkeitshaushalt der Haut, welche dadurch mehr Geschmeidigkeit erlangt. Das Resveratrol fördert die Regeneration der Haut und gönnt den Zellen quasi Winterschlaf. Dieser Umstand lässt die Fibroblasten (im Bindegewebe vorkommenden Zellen) deutlich mehr Hyaluronsäure zwischen den Zellen bilden. Diese ist wichtig zur Bindung von Wasser und somit bedeutsam für ein festes Bindegewebe beziehungsweise für die glättende Einbindung der Hautfasern.

Sehr gefragt für die Pflege ist auch Traubenkernöl. Es ist sehr reich an ungesättigten Fettsäuren und wirkt wie ein Bindemittel zwischen den Hornzellen, bietet Schutz vor Verdunstung und hält auf diese Weise den Feuchtigkeitsgehalt der Haut stabil. Eine jugendliche Haut ist das Ziel.

Therapie mit Wein

Der Wellnesstrend hat mittlerweile den Wein als neuen Ideenbringer voll entdeckt. Da und dort denken findige Menschen über verschiedenste Konzepte nach; eines davon ist bereits etabliert: die Vinotherapie. Diese Therapie hat zum Ziel, mithilfe von Wein den Kreislauf und das Immunsystem zu stärken sowie den Fettstoffwechsel und die Durchblutung zu fördern. Mit dieser Idee ist außerdem ein exzellentes Relaxprogramm verbunden. Die Ursprünge liegen in Frankreich, wo in Paris auch das erst Spa mit Vinotherapie-Angeboten eröffnet wurde. Zu den kombinierten Anwendungen gehören hier Traubenkernbutterpackungen, Traubenkernstempelmassagen oder ein Traubenkernpeeling – das ist echtes Anti-Aging für die Haut.

DIE VINOTHERAPIE …

… stärkt Kreislauf und Immunsystem und fördert den Fettstoffwechsel und die Durchblutung.

Wein für eine schöne Figur

Und noch etwas sei nicht vergessen: Studien haben die Erkenntnis gebracht, dass Weintrinker im Durchschnitt eine schlankere Figur haben. Dies liegt wohl in erster Linie daran, dass sich die Kalorien vom Wein (man kann etwa 100 kcal pro 1/4 Liter Wein annehmen) im Körper nicht in Fettpolster verwandeln. Ein Umstand, der uns nicht nur vom medizinischen Gesichtspunkt her interessiert, sondern aufgrund des heutigen ästhetischen Denkens auch durchaus Wichtigkeit besitzt.

Aktiverer Lebensstil

Eine »schönere Figur« ist bei Weintrinkern nicht nur aufgrund der geringen Kalorienbelastung vorhanden. Untersuchungen zeigen, dass jene Menschen, die sich für Wein und dessen Konsum erwärmen, generell einen aktiveren Lebenswandel mit vielen lebendigen Hobbys und Interessen haben. Dadurch wird eine schlanke Silhouette fast zwangsläufig gefördert. Aus diesem Grund erfreuen sich Weintrinker oft einer schlankeren Gestalt.

Wein als Anreger für Geist und Seele

»Ein gutes Glas Wein ist geeignet,
den Verstand zu wecken.«

Konrad Adenauer,
erster Kanzler der Bundesrepublik Deutschland

Dass Wein das Leben verlängern kann, wissen wir bereits. Dass er wahrhaftig Leben retten kann, ist vielleicht ungewöhnlicher. Der berühmte Dichter Johann Wolfgang von Goethe hat dies jedoch am eigenen Leib erfahren. In seiner Autobiografie findet sich dazu folgender Absatz: »So ward ich denn geboren, oder vielmehr aus der Mutter herausgezogen, fast wie tot, mit schwarzem, krausem Haar. In einem Bad heißen Weins, das einem anderen hätte gefährlich werden können, kam ich zu Kräften.«

Diese Erfahrung prägte den großen Dichter so sehr, dass er zeitlebens für den Rebensaft eintrat und ihn und seine wohltuenden Eigenschaften auch in seinen Werken immer wieder pries. Goethe war dem Wein so zugetan, dass sich im Haushaltsbuch des Dichters anno 1829 eine Summe unter dem Stichwort »Weinerwerb« fand, die 20 % seines Haushaltsbudgets ausmachte. Ein bekanntes Zitat des Meisters ist bis heute in aller Munde: »Das Leben ist zu kurz, um schlechten Wein zu trinken.« Aber Goethe brachte auch eine andere Eigenschaft des Rebensaftes gekonnt und poetisch auf den Punkt: »Für Sorgen sorgt das liebe Leben. Und Sorgenbrecher sind die Reben.«

Mäßig genossener Alkohol hat nämlich einen bewiesenen nicht zu unterschätzenden Vorteil: Alkohol wirkt stabilisierend auf die Stimmung. Der berühmte und kluge Gründervater der Vereinigten Staaten von Amerika, Benjamin Franklin, sagte zu diesem Thema sinngemäß: »Wein macht das tägliche Leben einfacher, weniger hastig und mit weniger Anspannung tolerierbarer.«

Wein als Beruhigungsmittel

Der Konsum von Wein tut nicht nur dem Körper gut, er wirkt auch positiv auf die Psyche und streichelt die Seele. Alkohol wirkt nämlich als mildes Beruhigungsmittel. Wer den Abend mit einem Glas Wein ausklingen lässt, sieht manch Ärgernis des Tages vermutlich unter einem anderen Gesichtspunkt. Damit ist freilich nicht gemeint, dass jemand seine Sorgen in Alkohol ertränken soll. Wer maßvoll Wein trinkt und dabei seelische Muße empfindet, handelt aber zum Wohl seines Selbst. Lassen Sie sich hier kein falsches schlechtes Gewissen machen. Wer sich nämlich an die richtige Dosierung hält, wird keinesfalls zum Suchttrinker.

Moderater Weinkonsum zeigt nicht nur positive Auswirkungen auf den Körper, sondern auch auf die Psyche – situationsabhängig ob anregend oder beruhigend.

Schlummertrunk

Auf die einen wirkt Wein anregend, auf die anderen beruhigend. Nicht wenige Zeitgenossen trinken abends ein Glas Wein, um besser zu schlafen. Mittlerweile weiß man, warum dieser unbewusste Schlummertrunk so erfolgreich ist: In der Haut roter Weintrauben wurde das Hormon Melatonin entdeckt (wie das »Journal of the Science of Food and Agriculture« zu berichten wusste). Melatonin ist ein Hormon, das den Schlaf-Wach-Rhythmus steuert. Darüber hinaus verfügt es über eine tolle antioxidative Wirkung, was es auch zu einem herausragenden Anti-Aging-Hormon macht.

Wein macht das Gehirn sinnig

Johann Wolfgang von Goethe ist ein feines Beispiel für geistige Höchstleistungen, doch es gibt freilich noch viele mehr. Die anregende Wirkung des Weines hat so manchen Schriftstellern und Dichtern dabei geholfen, ihre künstlerischen Visionen in die Realität umzusetzen. So sprach etwa William Shakespeare: »Guter Wein steigt in das Gehirn, macht es sinnig, schnell und erfinderisch, voll von feurigen und schönen Bildern.«

Doch auch abseits der Muse schwören und schworen Menschen auf den Wein: Egal ob es sich dabei um den berühmten deutschen Kanzler Konrad Adenauer, den »Weinpfarrer« Denk oder eine genussvolle Freundesrunde handelt.

So wusste man sich über den ehemaligen deutschen Bundeskanzler Gerhard Schröder zu erzählen, dass diesem die besten Ideen erst immer nach Ende der offiziellen Sitzungen kamen – natürlich bei einem guten Glas Wein.

Gerade auch Hans Denk verkörpert die Bedeutung des Weins für den Geist ganz hervorragend. Der Pfarrer kam nicht nur über seine Funktion als Gottesmann zum Wein, sondern eignete sich mit den Jahren ein großartiges und profundes Wissen über den Rebensaft an, was ihn zu einem der bedeutendsten Weinbotschafter Österreichs macht. Er predigt gerne von der »Philosophie Wein« und weiß, dass der darin enthaltene Geist schon so manchen Geist beflügelt hat. Der Genuss eines guten Tropfens ist für Hans Denk eine Preisung der Gaben Gottes.

Bewusstseinserweiternd

Gerade in schnelllebigen und oberflächlichen Zeiten wie diesen macht man sich das Glück, in dem wir meist leben, zu wenig bewusst. Auch hier kann ein schönes Glas Wein helfen: um allein für sich den Gedanken nachzuhängen und zu reflektieren – eine Angewohnheit, die wir Menschen des 21. Jahrhunderts zunehmend ver-

lernen, die aber so wichtig wäre für unser geistiges Wohl. Schon der deutsche König Konrad III. von Hohenstaufen meinte einst: »Rede wenig mit anderen, viel aber mit dir selbst.« Auch der große griechische Philosoph Platon wusste zu diesem Thema Interessantes zu sagen: »Denken und Reden sind dasselbe. Nur dass das innere Gespräch der Seele mit sich selbst, das ohne Stimme vor sich geht, Denken genannt wird.« In diesem Sinne: Reden Sie wieder mehr mit sich selbst und lassen Sie sich den Wein dabei munden.

Wein und Glaube als Stresskiller

Weinpfarrer Denk liefert uns im Übrigen den perfekten Übergang zu einer weiteren interessanten Erkenntnis, welche die Forschung in den letzten Jahren gewonnen hat: Sowohl Wein als auch Spiritualität sind perfekte Mittel, um Stress zu reduzieren. Stress, die Geißel des 21. Jahrhunderts, ist im Grunde genommen eine normale und willkommene Reaktion des Körpers auf Faktoren von außen. Der Mensch stellt sich dadurch auf Bedrohungen ein. Die zunehmende Beschleunigung der Arbeitswelt und auch der Freizeit führt allerdings zu einem verstärkten Stressverhalten, dem man aktiv entgegentreten muss, will man den Ausbruch von Krankheiten für Körper und Geist verhindern.

MIT SPIRITUALITÄT GEGEN STRESS

Die Geschwindigkeit, in der wir heute leben, hat zwangsläufig zur Folge, dass Körper, Geist und Seele aus dem Gleichgewicht geraten und wir nicht mehr in unserer Mitte sind. Kein Wunder, dass wir oft nicht mehr wissen, wie es uns eigentlich geht. Spiritualität ist notwendig, um wieder in Balance zu kommen. Wie dieser spirituelle Weg konkret aussieht, ist allerdings höchst individuell.

Amerikanische Studien haben nun belegt, dass zwei Bereiche ähnliche senkende Auswirkungen auf Stress haben: Glaube und Wein. Der Glaube versetzt demnach nicht nur Berge, er sorgt auch für ein höheres Maß an Entspanntheit, was sich wiederum in niedrigerem Blutdruck äußert. Im »Harvard Health Letter« war darüber hinaus über eine Studie zu lesen, wonach Menschen, die einmal wöchentlich eine Messe besuchen, beten oder religiöse Texte lesen, einen höheren Anteil an »Interleukin-6« im Blut haben, ein Protein, das dem Immunsystem und inflammatorischen Reaktionen hilfreich zur Seite steht.

Stresslöser

Moderater Alkoholkonsum führt zu ähnlichen Ergebnissen. Unterschiedlichste Studien belegen diese These, demnach ist der maßvolle Genuss von Alkohol ein gutes Mittel, um gegen bedrohlichen Stress anzugehen. Viele Menschen fühlen sich am Ende des Tages einer psychischen Spannung ausgesetzt, die wiederum eine Manifestation von leichtem Stress darstellt. Geringe Mengen von Alkohol lassen diesen Stress verschwinden und sorgen somit für eine gesundheitlich wichtige Entspannung. Dieses Mittel kennen interessanterweise nicht nur Menschen, auch Tiere greifen mitunter auf alkoholische Fermentationen zurück. Doch es kommt, wie nicht oft genug betont werden kann, auf die Dosis an. Ein zu hohes Quantum an Alkohol löst nämlich Stress aus – und schadet somit dem Körper.

Nun wissen wir also, warum Gottesmänner wie etwa Hans Denk oft eine so starke innere Ruhe leben und ausstrahlen: Es ist die Kombination aus zwei der wirkungsvollsten Stressbekämpfungsmittel, vereint in diesem konkreten Fall in der Person eines »Weinpfarrers«.

LENZ MOSER
1849

Österreich – Land des Qualitätsweins

»Alles, was uns imponieren soll, muss Charakter haben.«

Johann Wolfgang von Goethe

Lenz Moser war ein österreichischer Weinbaupionier. Daher steht unser Haus entschieden für Wein aus Österreich. Wir sind der Meinung, dass gerade jetzt in den Menschen wieder der Wunsch entsteht, Weine mit Herkunft aus der Heimat zu trinken.« Diesen Satz sprach unlängst Kellermeister Ernest Großauer von der traditionsreichen Weinkellerei Lenz Moser. Und wir denken, er hat damit nicht unrecht.

Auch wenn Österreich nur einen Anteil von einem Prozent an der Weltweinproduktion hat: Kaum ein Land bringt so autonome, charakterlich und geschmacklich derartig stark mit der Herkunft verbundene Weine hervor. Die Hauptgründe dafür liegen im gemäßigten Klima und den unterschiedlichen Weinbaugegenden mit ihren ganz speziellen Beschaffenheiten. Generell kann festgehalten werden, dass Österreichs Weinbaugebiete – insgesamt gesehen – in gemäßigten Klimazonen liegen. Beachtliche Unterschiede gibt es bei den Böden: Sie sind – je nach Anbaugebiet – entweder luftig-leicht oder schwer. Leichte, sandige Böden bringen hervorragende fruchtige, schlanke Weine hervor, während die schweren Böden kräftigere und extraktreichere Tropfen gestalten. Auch sind es die autochthonen, das heißt die im jeweiligen Anbaugebiet heimischen Rebsorten wie der Grüne Veltliner bei den Weißweinen und der Blaufränkische und Zweigelt bei den Rotweinen, die Österreich als ganz besonderes Weinland auszeichnen. Nicht umsonst erfreuen sich heimische Weine auch im Ausland immer größerer Beliebtheit. Eines darf an dieser Stelle mit Stolz festgehalten werden: Unsere Weine können im Hinblick auf Geschmack und Qualität mit den ganz Großen der Weinszene auf internationaler Ebene mithalten.

Typisch österreichisch

Die Herkunft macht den (geschmacklichen) Unterschied. Nicht umsonst lassen sich Weine aus den Weinbauregionen im Burgenland, in Niederösterreich, in der Steiermark und in Wien geschmacklich unterscheiden. Lage, Klima der Region beziehungsweise Mikroklima des Rebstocks, Boden und Kellerwirtschaft machen die Ungleichheit aus. Besonders bemerkenswert sind die speziellen Klimabedingungen in der Grenzregion Niederösterreich und Burgenland: Hier trifft das kontinentale Klima Niederösterreichs auf das pannonische Klima des Burgenlandes. Dieser Umstand zeichnet verantwortlich dafür, dass die Weine dieser Regionen derartige Geschmacksunterschiede aufweisen. Aber nun lassen Sie uns eine kleine Reise durch einige Weinbaugebiete Österreichs unternehmen.

Die Wachau

Die Weißweinregion Wachau, das wahrscheinlich älteste Weinbaugebiet Österreichs, wurde nicht ohne Grund von den Römern bevorzugt: Die steilen Terrassen aus Gföhler Gneis und die kargen Talböden bringen Weine voller hochkonzentrierter Inhaltsstoffe hervor. Und das schmeckt man. Nicht umsonst wird das Wachauer »Urgestein«, das dem Wein seine hohe Mineralik verleiht, von Weinliebhabern gepriesen. In den mittleren Bereichen der terrassierten Hänge finden sich die besten Lagen. Die Sonne strahlt hier stark ein, die kalte Luft kann gut entweichen und auch für eine optimale Durchlüftung ist gesorgt. Sand, Schotter und Lösse finden sich dank der Donau in den Talböden. Die klimatische Eigenheit der Wachau ist markant: Das Wetter wird hier einerseits vom östlich-pannonischen, andererseits vom westlich-atlantischen Klima beeinflusst. Die Sommer fallen sehr heiß und trocken aus, während sich die Winter streng gestalten. Bemerkenswert sind auch die kühlen Fallwinde aus dem Waldviertel, die für große Temperaturschwankungen zwischen Tag und Nacht verantwortlich zeichnen. Diese weite Bandbreite an klimatischen Einflüssen auf die Rebstöcke kann man schmecken. Mit 90% der 1400 Hektar Rebfläche dominieren Grüner Veltliner und Riesling, aber auch Müller-Thurgau, Weißburgunder, Neuburger, Sauvignon und Gelber Muskateller sind hier zu finden.

Das Kremstal

Hier herrschen hauptsächlich Urgesteinsböden vor, aber auch Lössböden sind zu finden. Im Kremstal, mit 2250 Hektar ein eher kleines Weinbaugebiet, dominiert der Grüne Veltliner, aber auch Zweigelt und Riesling fühlen sich hier wohl. Grund dafür sind Schotterböden mit übergelagerten nährstoffreichen Erdschichten südlich der Donau. Während die bedeutenden Weinstätten rund um Krems klimatisch vom Schutz der Weinberge profitieren, herrschen im Kremstal selbst rauere Verhältnisse – bedingt durch die kühlen Winde, die vom Waldviertel aus zur Donau hinabfallen. Aber auch das warme pannonische Klima wirkt auf das Kremstal ein sowie die Donau, die eine temperaturausgleichende Wirkung hat und oft als »Frostschutz« fungiert. Im Winzerort Rohrendorf bei Krems befindet sich die Weinkellerei Lenz Moser. Prof. Dr. Lenz Moser verbreitete von hier aus ab 1950 seine neue Form der Rebenerziehung, die »Lenz-Moser-Hochkultur«. Diese Erziehungsform prägt heute die Weingärten Österreichs.

Das Weinviertel

Das Weinviertel gilt als das größte Weinbaugebiet Österreichs und umfasst eine Rebfläche von 16650 Hektar. Über den sanften Hügellandschaften dominiert ein gemäßigtes kontinentales Klima. Im Weinviertel finden sich Sedimentgesteine wie Sande, Schluffe und Tone sowie kristalline Gesteine wie Glimmerschiefer und Gneise. Hauptsächlich findet man allerdings Lössböden vor – ein idealer Boden für den Grünen Veltliner, der auf fast der Hälfte der Anbaufläche im Weinviertel wächst, also auf rund 8500 Hektar. Dies wiederum macht die Hälfte des gesamten Bestandes an Grünem Veltliner österreichweit aus und – jetzt wird es spannend – sogar knapp die Hälfte des Bestandes weltweit. Das sogenannte Pfefferl, die typische Geschmacksnote »unseres« Grünen Veltliners, schmeckt offensichtlich auch den feinen Gaumen weit über die Grenzen hinaus. Mit dem »Weinviertel DAC« (Districtus Austriae Controllatus – kontrollierte Ursprungsbezeichnung) wurde für den frisch-fruchtig-pfeffrig-würzigen Grünen Veltliner aus dem Weinviertel eine eigene Qualitätskategorie geschaffen.

Von der Donau im Süden bis hin zur tschechischen Grenze im Norden, vom Manhartsberg im Westen bis hin zur slowakischen Grenze im Osten erstreckt sich das Weinbaugebiet Weinviertel insgesamt – doch Weinviertel ist nicht gleich Weinviertel und neben dem Grünen Veltliner sind hier der Welschriesling, der Blaue Zweigelt und der Blaue Portugieser die wichtigsten Rebsorten.

Aufgrund der klimatischen Einflüsse und der geologischen Bedingungen lässt sich eine Dreiteilung des Weinviertels vornehmen. Im westlichen Gebiet sollte jeder Weinreisende drei Inseln ansteuern: Die Weinstadt Retz mit ihren monumentalen Kelleranlagen unter der Altstadt – den größten Mitteleuropas; Röschitz im Pulkautal sowie »Mailberg Valley«, eine ausgedehnte Kessellage mit einem eigenen Mikroklima. Im Nordosten lädt die Weinhauptstadt Poysdorf zum Entdecken ein, auch Falkenstein sollte ein Reisepunkt sein. Und im südlichen Weinviertel gilt es, Wolkersdorf, die Winzerorte entlang der March sowie am Bisamberg zu entdecken.

Der Seewinkel

Das österreichische Weinbaugebiet mit 8326 Hektar Rebfläche und 3268 Weinbaubetrieben ist eines der vier des Bundeslandes Burgenland und nach dem 320 km^2 großen und 36 Kilometer langen Neusiedlersee benannt. Im Volksmund wird das Gebiet zumeist als »Seewinkel« bezeichnet, weil es sich winkelförmig an den Steppensee anschmiegt. Vorwiegend Sandböden und ein spezielles Mikroklima machen die Region zu einem Paradies für erstklassige Süßweine, qualitativ durchaus vergleichbar mit Tokay- oder Sauternes-Weinen. Dank der hohen Luftfeuchtigkeit kann hier verlässlich mit dem Auftritt der Edelfäule gerechnet werden, welche die Basis für Prädikatsweine von Weltklasse – wie die Beeren- und Trockenbeerenauslesen – bildet. Edelfäule nennt man das Auftreten des Schimmelpilzes Botrytis cinerea, auch Grauschimmel genannt, auf den reifen Beeren der Weintraube.

Herausragend gedeiht hier aber auch der Blaue Zweigelt als Leitsorte und überzeugt mit seiner Geschmeidigkeit und leichten Trinkbarkeit. Ebenso munden Blauburgunder, Blaufränkischer und St. Laurent aus dieser Gegend fantastisch. Eine sehr differenzierte Bodenstruktur und das pannonische Klima mit kalten Wintern und heißen Sommern bieten hier einer breiten Palette an Sorten optimale Voraussetzungen. So bilden sich hier auch hervorragender Welschriesling, Weißburgunder und Chardonnay aus. Insgesamt kann man sagen, dass die junge Region Seewinkel völlig zu Recht schon jetzt weltweit einen beachtlichen Ruf genießt.

Eine Wühlmaus müsste man sein

Die Geheimnisse, welche in den unterschiedlichen Böden schlummern, sind für uns Menschen oftmals nicht erkennbar. Man müsste vielleicht in eine andere Haut schlüpfen, um sie zu entdecken. Stellen Sie sich einfach vor, wir könnten eine Mühlmaus begleiten, die sich – theoretisch – global durch alle Weinregionen durchgraben würde. Was würde sich dieser Maus an Knabbereien und Genuss, aber auch an interessanten Erfahrungen offenbaren?

So könnte es sein, unsere Wühlmaus wundert sich in Wien darüber, dass das Erdreich irgendwie über ein leichtes Nussaroma verfügt. Vermutlich war hier vor Jahren eine alte Nusskultur, die ihr Aroma an den Weinstock weitergibt. Denn so wie die Weinstockwurzeln aus dem Stein alles heraussaugen, bleiben auch Aromen im Boden über Jahrzehnte erhalten, und nicht umsonst gibt es in Wien einen Wein, der Nussberg heißt.

Weiter geht's mit unserer weininteressierten Wühlmaus in die Wachau. Auch hier gibt es allerhand Faszinierendes zu entdecken. Wenn die Maus nachts ihren Kopf aus dem Boden steckt, empfängt sie ein frischer Wind. Dieser pfeift in oberen Lagen durch, wo die leichten Steinfedern gedeihen. Hier stößt die Maus auf reine Steinlagen, Schotter und Felsen. Weiter unten lässt es sich schon besser graben, dort ist Schlamm und Löss. Hier entstehen völlig andere, sattere Weine, obwohl die Reben vielleicht nur hundert Meter voneinander entfernt sind. Unsere Wühlmaus darf mit Recht verwundert den Kopf schütteln.

Sie gräbt weiter und landet in Bordeaux. Die Maus merkt natürlich gleich, dass es sich hier um eine besondere Region handelt. Der Boden ist karg und mineralisch; kaum denkbar, dass hier etwas wächst. Und doch: Es sind faszinierende, großartige Weine, die von den Leuten hier gekeltert und getrunken werden. Vielleicht trifft unsere Maus ja einen einheimischen Artgenossen, der ihr verrät, dass der Wein hier deshalb so besonders ist, weil sich die Weinstöcke tief ins Erdreich hineingraben und aufgrund des kargen Bodens die guten Mineralien aus den Steinen heraussaugen müssen. In der Nacht kommt dann so viel Wasser auf die Trauben, dass sie gezwungen sind, viele Antipilzmittel zu produzieren. Dies führt zur langen Haltbarkeit der Bordeaux-Weine, die ja nur ca. 12,5% Alkoholgehalt haben.

Dann zieht die Wühlmaus erneut los und taucht erst in Sevilla wieder auf. Hier wühlt sie sich durch die kargen Böden Andalusiens und staunt nicht schlecht, dass gerade aus diesem Schotter großartige Weine entstehen. Doch das Staunen ist nur kurz, schließlich hat sie in Bordeaux schon erfahren, warum das so ist.

WEIN AUS ÖSTERREICH IN ZAHLEN

Weißweinanteil: 70 %
Rotweinanteil: 30 %
Hauptsorte: Grüner Veltliner (36 % des Weinbauareals)

Österreichischer Weinkonsum: 73 % heimische Weine
Durchschnittliche Erntemenge: 2,5 Millionen Hektoliter
Rebfläche: 51000 Hektar

ÖSTERREICHS 4 WEINBAUREGIONEN

• **WEINLAND ÖSTERREICH**
Niederösterreich und Burgenland – zwölf Weinanbaugebiete: Wachau, Kremstal, Kamptal, Traisental, Wagram, Weinviertel, Carnuntum, Thermenregion, Neusiedlersee, Neusiedlersee-Hügelland, Mittelburgenland, Südburgenland)

• **STEIRERLAND**
(drei Weinanbaugebiete: Südoststeiermark, Südsteiermark, Weststeiermark)

• **WIEN**

• **BERGLAND ÖSTERREICH**

Daten: www.weinausoesterreich.at

LM
Lenz Moser
Prestige
2003
Blauer Zweigelt
Österreich - Austria
Qualitätswein - Quality Wine

Genussfaktor Wein

»Wer keinen Wein trinkt,
dem entgeht viel Genuss.
Wer aber den Wein falsch trinkt,
verdirbt sich und anderen den Genuss.«

Joachim Ringelnatz, deutscher Schriftsteller und Maler

Wir sind der Meinung, dass man den Genuss von Wein nicht zu sehr verkomplizieren sollte. Insofern gefällt uns ein Ausspruch, den Otto Bruckner von der Weinkellerei Lenz Moser einmal getan hat, besonders gut. Er sagte: »Alles, was man zum Weintrinken braucht, ist ein Glas und das Gute in der Flasche.« Ein Satz, der voll ins Schwarze trifft und die Einfachheit darstellt, die beim Weingenuss vorherrschen kann. Denn auch wenn ein edler Tropfen aus einem teuren Glas besser schmecken mag, im Prinzip geht es um den Inhalt der Flasche – sowohl in gesundheitlicher als auch in gesellschaftlicher Hinsicht. Und dieser ist oft am schönsten zu genießen, wenn man ihn ganz gemütlich und ohne Zwänge zu sich nimmt. War es vor noch nicht allzu langer Zeit eine beinahe elitäre Angelegenheit, Wein zu konsumieren, so ist es heute jedem Menschen möglich, die Vorzüge des Rebensaftes in wohldosierter Menge zu genießen. Ist es nicht ein Hochgenuss, in einer angenehmen Runde das eine oder andere inspirierende Gläschen zu trinken und gleichzeitig etwas für die Gesundheit zu tun? Ist es nicht eine unglaubliche Gaumenfreude, wenn Wein und Speise miteinander harmonieren?

Rotwein zum Käse?

Entgegen weit verbreiteter Meinung darf an dieser Stelle festgehalten werden, dass nicht nur Weißwein, sondern auch Rotwein wunderbar zum Käse passt, vor allem wenn es sich um sehr würzige Sorten handelt. Probieren Sie es aus! Asiatische Köstlichkeiten beziehungsweise stark gewürzte Speisen brauchen ebenso einen ebenbürtigen »Gegenpol«. Auch in diesem Fall wird man sich nicht für schlanke, sondern eher für kräftige Weine als Begleiter entscheiden, da der Geschmack des Weines sonst untergehen würde. Umgekehrt würde ein intensiver Tropfen ein leichtes Fischgericht geschmacklich »erschlagen«. Daher wählt man zum Fisch lieber einen schönen Riesling oder einen Grünen Veltliner. Ist der Fisch hingegen stark mit Knoblauch gewürzt, würde man sich wohl für einen Sauvignon blanc entscheiden, damit der Wein nicht »verhungert«. Wer dunkles Fleisch liebt, wird dazu einen »normalen« Rotwein kombinieren. Wird Wild aufgetischt, wird man einen gerbstoffreichen Barrique bevorzugen, um ein intensives, harmonisches Geschmackserlebnis herbeizuführen.

Alkohol als Geschmacksträger

Die These, dass der Alkohol beim Wein, so wie das Fett beim Fleisch, als Geschmacksträger fungiert, wird hier nicht entkräftet, sehr wohl aber gibt es Neuigkeiten zu vermelden: So hat eine große österreichische Weinkellerei beispielsweise eine neue Technologie entwickelt, um Weine herzustellen, die trotz weniger Alkoholgehalt das Maximum an Geschmack in sich tragen. Schließ-

lich soll der Wein eine Form von Medizin darstellen, die auch schmecken soll – in moderaten Mengen, wohlgemerkt. Auch die Verträglichkeit ist ein großes Thema: So regiert immer noch das Vorurteil, dass der Schwefel im Wein für die Kopfschmerzen nach dem Weingenuss verantwortlich zeichnet. Ein Irrtum, denn geringe Mengen an Schwefel gelten als Indikator für eine saubere Kellerwirtschaft.

Diese Behauptung ist einfach erklärt: Solange die Hefe aktiv ist, schützt sie den Wein vor der ungewünschten Oxidation und absorbiert »negative« Inhaltsstoffe wie Schwermetalle. Stirbt die Hefe ab, werden kleine Mengen an Schwefel bzw. schwefeliger Säure zugesetzt, um die Schutzfunktion der Hefe anzuheben. Würde man nach dem Absterben der Hefe keinen Schwefel zusetzen, erhielte man statt des Weines Sherry. Ein wichtiger Grund für den Einsatz von Schwefel ist auch das Bewahren der Bekömmlichkeit des Weines: Schwefel schützt den Wein nämlich vor »schlechten« Substanzen in Form unerwünschter Mikroorganismen, die für das Unwohlsein am Morgen danach verantwortlich zeichnen. In diesem Sinne: Der richtige Wein sorgt für Spaß am Abend, aber auch für Freude am Morgen danach. Santé!

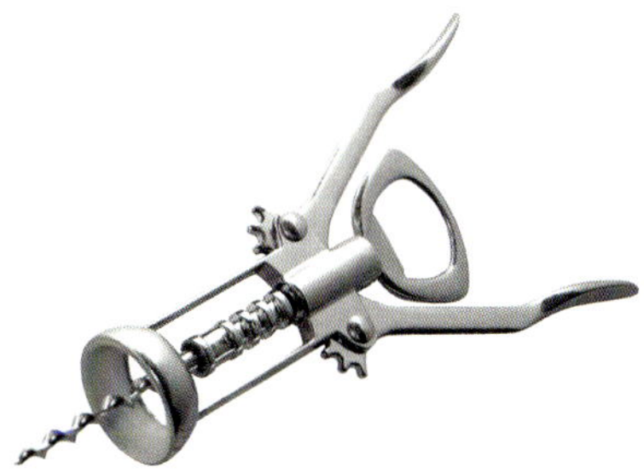

176 02
861
CADUS
123 02
861
Vicard
TONNELLERIE
ALLIER
106 02
861
Vicard
LENZ MOSER
155 02
861
162 02
861
145 02
861
LENZ MOSER
152 02
861

Was Wein für die Zukunft bringen kann – ein Ausblick

»Ein Blick in die Vergangenheit hat nur Sinn, wenn er der Zukunft dient.«

Konrad Adenauer

Auch in puncto Wein hat dieses Zitat durchaus seine Gültigkeit. Denn das alte Weinwissen – erforscht und bestätigt durch zahlreiche Erkenntnisse aus der heutigen Wissenschaft – kann, integriert in die Gegenwart, unser Leben verlängern. Es ist Fakt: Weltweit anerkannte Studien zeigen, dass die drei Hauptprobleme des Alterns – Herz-Kreislauf-Erkrankungen, Karzinome und Demenz – durch die Inhaltsstoffe des Weines in ihrem Auftreten reduziert werden können. Nach diesem schönen Beispiel lässt sich nur hoffen, dass durch den moderaten täglichen Genuss von Wein weltweit immer weniger Krankheiten – insbesondere kardiovaskuläre Erkrankungen, aber auch Alzheimer – entstehen werden. Unser Wunsch wäre es, dass sich sogar die Epidemiologie der Krankheiten langfristig verändert; dass das Altern keine Angst vor Demenz und Krankheit mehr mit sich bringt; dass man das Leben in völliger körperlicher und geistiger Gesundheit bis zum Ende genießen kann.

Gesund bis ins hohe Alter – eine Illusion?

Nicht, wenn Sie Jeanne Calment kennen. Die Südfranzösin wurde – wie bereits erwähnt – 122 Jahre alt – bei völliger mentaler Gesundheit. Beispiel gefällig? Zu ihrem 120. Geburtstag führte ein Journalist ein Interview mit der betagten Dame. Auf seine Frage hin, ob sie zu ihrem nächsten Geburtstag wohl wieder ein so nettes Interview führen würden, antwortete Calment: »Warum nicht? Sie sehen doch noch ganz fit aus, junger Mann!« Statistisch gesehen trinken 87 % der 100-Jährigen regelmäßig, aber mäßig Alkohol – bei völliger geistiger Vitalität.

Ein Hohelied: Wein – zentrale Funktion in der Gesundheit

»Eure Nahrung soll
Euer Heilmittel sein
und Euer Heilmittel soll
Eure Nahrung sein.«

Hippokrates

Es ist ein Faktum: Wein und seine speziellen krankheitsbekämpfenden und gesundheitsfördernden Wirkstoffe haben schon unter Cäsar, bei Galen und bei Hippokrates gewirkt. Heute weiß man, dass Wein – moderat und täglich genossen – das Leben verlängern und die geistige Gesundheit maßgeblich erhalten kann. Fakt ist aber auch, dass mit der Entwicklung der modernen Medizin das Kind mit dem Bade ausgeschüttet wurde. Das ursprüngliche und uralte Wissen über die zentrale Funktion des Weines für die Gesundheit wurde mit dem Triumphzug der Pharmaindustrie zurückgedrängt – ja beinahe vergessen. Keine Frage: Antibiotika als wirksame Waffen gegen Bakterien und Cortison als Entzündungshemmer retten Leben. Uns stehen aber zweifelsohne andere, nicht pharmazeutische Möglichkeiten zur Verfügung, um bereits präventiv gegen schwere Erkrankungen einzuwirken und so eventuell die Einnahme starker Medikamente zu vermeiden, da die Krankheiten erst gar nicht entstehen. So können auch die immer mehr in den Fokus geratenden Nebenwirkungen der beunruhigenden Sorte umgangen werden. Fazit: Der mäßige, aber regelmäßige Weinkonsum kann als Prävention gegen zahlreiche Krankheiten angesehen werden – ob geistiger oder körperlicher Natur. Warum also zu schweren Medikamenten greifen, wenn uns der kontrollierte Weingenuss fit und gesund hält? Nicht ohne Grund galt der Wein schon seit jeher als Universalmedikation, als Heil- und natürlich als Genussmittel. Und heute ist es nicht anders.

25 Fakten in 5 Minuten – Zusammenfassung

»Das Gute ist noch einmal so gut, wenn es kurz ist.«

Baltasar Gracián y Morales (1601–1658), spanischer Philosoph

Der Wein und was er für unsere Gesundheit tun kann – ein äußerst spannendes Thema. Neben all seinen interessanten Geschichten und Anekdoten wartet es mit einer Reihe von wissenswerten, ja lebenswichtigen Fakten auf. Die bedeutendsten haben wir in den folgenden 25 Punkten noch einmal genannt. Bestens geeignet als Zusammenfassung, aber auch für eilige Leser oder jene Personen, die Ihr Wissen von Zeit zu Zeit auffrischen möchten.

Zusammenfassung

1. Es gibt zwei Gefahren des Alterns: die freien Radikale oder auch oxidativer Stress (»free radicals«) sowie den inneren Brand oder inflammatorischen Stress (»silent inflammation«).
2. Anti-Aging geht durch den Magen. Unsere Nahrung entscheidet wesentlich darüber, ob wir in späteren Jahren größere gesundheitliche Probleme bekommen.
3. Neben der Ernährung gibt es noch weitere Säulen des Anti-Agings: Bewegung, Spiritualität, Umwelt und Hormone.
4. Es gibt zwei Königswege gegen den inflammatorischen Stress: a) den Konsum von Lebensmitteln mit Omega-3-Fettsäuren und b) den Konsum von Lebensmitteln, die wertvolle sekundäre Pflanzenwirkstoffe enthalten.
5. Die wertvollsten Pflanzeninhaltsstoffe sind Resveratrol, Isoflavone und Lycopin.
6. In der Weintraube stecken viele geniale Pflanzeninhaltsstoffe, allen voran Resveratrol, die wir uns zunutze machen sollten. Sie befinden sich in der Schale sowie in den Kernen der Weintraube. Durch die Rotweinkelterung, also durch das längere Liegenlassen in der Maische, gehen die Stoffe in den Wein über.
7. Wir kennen 15 Anti-Aging-Stars: Bohne, Broccoli, Joghurt, Hafer, Hühnerfleisch, Kürbis, Olive, Orange, Sojabohne, Spinat, Tee, Tomate, Traube, Walnuss und Wildlachs wirken wahre Wunder: Im Unterschied zu den »klassischen« Vitaminen haben sie alle eine mehrfach höhere antiinflammatorische und antioxidative Wirkung.
8. Der Wein verfügt über eine sehr lange und erfolgreiche Geschichte, besonders in medizinischer Hinsicht. Er fand bei allen großen Kulturen, von den Ägyptern bis zu den Römern, Beachtung als Heilungsmittel.
9. Moderater Weinkonsum wirkt positiv auf die Gesundheit. Noch mehr als vom Weißwein profitieren wir vom Rotwein. Dies liegt am außergewöhnlichen Cocktail verschiedener Inhaltsstoffe – im Rotwein sind es bis zu 130 verschiedene Substanzen.
10. Resveratrol entsteht als Reaktion der Weintraube auf Bedrohungen von außen. Die Pflanze schützt sich vor Krankheiten und schädlichen Eindringlingen und dies tut sie, indem sie Resveratrol bildet. Je größer der »Stress«, den die Traube empfindet, desto mehr Resveratrol wird gebildet.
11. Das hitzestabile Resveratrol verfügt über eine Reihe ganz hervorragender Eigenschaften. Es schützt die Gefäße, verringert das Risiko von Herz-Kreislauf-Erkrankungen, verbessert die HDL-LDL-Relation der wichtigsten Blutfette und wirkt entzündungshemmend. Resveratrol kann das Wachstum von Krebszellen verlangsa-

men oder sogar verhindern. Es wirkt darüber hinaus auf das Zentralnervensystem und beugt so Alzheimer-Erkrankungen vor. Jüngste Arbeiten haben gezeigt, dass Resveratrol offenbar trotz geringer Mengen intensiv wirkt, weil schon minimale Mengen der Abbauprodukte hochpotent für die Gesundheit sind.

12. Wir brauchen die Kraft der Trauben in der Form des Weines – weder die Trauben selbst noch der Traubensaft könnten einen alternativen Stellenwert einnehmen.
13. Die westlichen Staaten leiden an großen gesundheitlichen Problemen: Schuld daran ist die Ernährung, genauer gesagt, die sogenannte »Western Diet«. Damit wird ein Ernährungsstil bezeichnet, der durch eine zu hohe Zufuhr von falschen Fetten (allen voran Transfette) und Proteinen, falschen Kohlehydraten und Zucker sowie einer zu geringen Konsumation von Ballaststoffen und Vitaminen sowie Mineralstoffen gekennzeichnet ist. Verschlimmert wird die negative Wirkung der Ernährung durch den sich fatal auswirkenden Bewegungsmangel.
14. Die französische Tannattraube verfügt von allen Rebsorten über den höchsten Polyphenolgehalt. Der Tannat, jener Wein, der aus dieser Traube gewonnen wird, gilt laut der hochkarätigen Wissenszeitschrift Nature daher als der gesündeste Wein überhaupt, da sein Polyphenolgehalt am höchsten ist. Voraussetzung dafür ist allerdings eine drei- bis vierwöchige Gärung, die gewährleistet, dass das Maximum an Polyphenolen aus Schalen und Kernen extrahiert wird.
15. Die »alte« Methode der Vergärung auf der Maische erlebte in den letzten Jahren wieder einen starken Aufschwung. Hierbei liegen die Trauben tage-, ja wochenlang auf der Maische. Beim Zweigelt dauert der Prozess etwa acht Tage, beim Cabernet bis zu drei Wochen. Der Anteil an gewonnen Substanzen erhöht sich bei einer langen Vergärungsdauer gravierend. Im klassisch »maischevergorenen« Wein ist also ein viel wertvollerer Anti-Aging-Cocktail enthalten als in jenen Weinen, die durch Erhitzung hergestellt wurden.
16. Die Gerbstoffe interessieren uns vom Anti-Aging-Gesichtspunkt her besonders. Rotwein enthält viermal so viel Gerbstoff wie Weißwein, da in der Gärung die Zellstruktur der Trauben geöffnet wird und die Stoffe ausgesaugt werden: Das ist eines seiner Gesundheitsgeheimnisse.
17. Eine der wichtigsten Erkenntnisse, die mit der Anti-Aging-Wirkung des Weines zusammenhängen, verdanken wir dem französischem Arzt Serge C. Renaud. Er entdeckte das »French Paradoxon«. Dieses besagte im Wesentlichen, dass Frankreich eine geringere Sterberate durch Herzgefäßerkrankungen habe als der Großteil der restlichen industrialisierten Welt, obwohl die Franzosen sonst nicht gerade ge-

sund essen und viel mehr rauchen als die Amerikaner. Renaud vermutete den Grund für die gesundheitlichen Vorteile im moderaten Weinkonsum.

18. Die Ess- und Trinkgewohnheiten der kretischen Bevölkerung, die sich 25 Jahrhunderte zurückverfolgen lassen, sind für das geringe Niveau von Herzgefäßerkrankungen auf dieser Insel verantwortlich. Die Kost der Mittelmeervölker ist empfehlenswert: gute Öle, Gemüse, Obst, Fisch und Rotwein – diese traditionelle, naturnahe Kost ist der optimale Treibstoff, um den Lebensmotor einwandfrei laufen zu lassen.

19. Bei all diesen Krankheitsbildern ist eine positive Wirkung des Weines zu erkennen: Herzerkrankungen, Bluthochdruck, Thrombose, Arteriosklerose, Krebs, Alzheimer, Diabetes.

20. Weißwein ist gerade für Allergiker oft eine besondere Empfehlung. Bei der Weingärung entsteht Histamin, welches im Rotwein noch stärker vorhanden ist. Reagiert man nun intensiver auf Histamin, können verschiedene allergieähnliche Reaktionen auftreten. Für diese Fälle ist ein junger, trockener Weißwein eine echte Alternative, da hier der Histamingehalt niedriger ist.

21. Als Sensationell darf man die Wirkung des Champagners bezeichnen. In Bordeaux wurde kürzlich eine Studie präsentiert, die belegt, dass Champagner eine belebende Wirkung auf unsere Neuronen ausübt. Verantwortlich dafür dürfte der hohe Anteil an Phenolen sein. Champagner und in weiterer Folge auch Weißwein dürfte somit ein starker Verbündeter gegen Demenz sein.

22. Die optimale Dosis Wein: Die Weltgesundheitsorganisation (WHO) spricht von ein bis zwei Achtel Wein täglich für Frauen und zwei bis drei Achtel Wein für Männer. Diese Dosis dürfen wir nach dem heutigen Stand unseres medizinischen Wissens bestätigen. Der sinnvolle Konsum liegt für die Damen bei bis zu 20 Gramm und für die Herren bei bis zu 30 Gramm Alkohol pro Tag.

23. Wein tut nicht nur gut, er macht auch schön. Schon die ägyptische Königin Cleopatra soll nicht nur im Wein gebadet haben, sie nutzte auch die Fruchtsäure, indem sie sich die Reste der Weinproduktion ins Gesicht strich. Heute gibt es zahlreiche Anwendungen, die auf der Kraft der Trauben basieren.

24. Wein wirkt sich positiv auf die Psyche aus und macht das Gehirn sinnig.

25. Österreich ist ein Qualitätsweinland. Auch wenn Österreich nur einen Anteil von einem Prozent an der Weltweinproduktion hat: Kaum ein Land bringt so autonome, charakterlich und geschmacklich derartig stark mit der Herkunft verbundene Weine hervor. Die Hauptgründe dafür liegen im gemäßigten Klima und den unterschiedlichen Weinbaugegenden mit ihren ganz speziellen Beschaffenheiten.